JUGOS Y SMOOTHIES SALUDABLES

PRESENTACIÓN

Vivimos en una época agitada, en la cual la mayoría de nuestras actividades se realizan de manera apresurada y constante con poco tiempo para relajarnos y preocuparnos por nuestra salud física y emocional. Este estilo de vida frenético se manifiesta en la forma de alimentarnos y en lo que comemos; cada día nos resulta más común que, tanto adultos como niños, realicen sus comidas durante sus traslados o sentados frente a una computadora o televisión; asimismo, es notorio el aumento en la disponibilidad y presencia de productos procesados o de conveniencia y, por ende, en ciertos malestares y enfermedades ligados a una mala alimentación. Una gran cantidad de padecimientos de la población en general, sobre todo en las grandes metrópolis, como fatiga, dolores de cabeza, estreñimiento e insomnio, pueden evitarse o prevenirse con una alimentación equilibrada basada en productos frescos y naturales, practicando regularmente actividad física, y evitando, en la medida de lo posible, un consumo excesivo de alimentos procesados.

Llevar una alimentación adecuada no debe ser sinónimo de dietas restrictivas e interminables, de un gasto exorbitante en ingredientes o suplementos alimenticios, ni de renunciar a aquellos alimentos que nos causan placer o que forman parte de nuestra identidad cultural. *Jugos y smoothies* es una guía que le permite encontrar una opción de equilibrio en su estilo de vida, propiciando un buen estado nutricional, complementando su alimentación y ofreciéndole opciones de alimentación para que encuentre las que más se adecuen a sus horarios, presupuesto y preferencias individuales.

Consumir diariamente jugos o smoothies elaborados con ingredientes frescos y naturales permite aumentar considerablemente la ingesta diaria de frutas y verduras, y por tanto, de vitaminas y minerales, necesarios para el buen funcionamiento de todos los sistemas corporales, en específico, para reforzar el sistema inmunológico. En esta obra encontrará poco más de 100 recetas con procedimientos sencillos y prácticos, pensadas con una gran variedad de ingredientes, en su mayoría frutas y verduras que podrá encontrar fácilmente en cualquier supermercado a un precio accesible. Con los ingredientes en mano y siguiendo los procedimientos indicados, usted podrá preparar en menos de 15 minutos una bebida fresca, nutritiva y con un extraordinario sabor, con la que podrá complementar y equilibrar su ingesta nutrimental diaria, o bien, reemplazar refrigerios y comidas procesadas, generalmente deficientes en nutrientes, extremadamente calóricos y con sabores artificiales. Asimismo, en este libro encontrará información nutrimental específica de cada receta y algunos otros datos generales que le podrán ser de utilidad para crear sus propias combinaciones o para sustituir ingredientes en función de la disponibilidad de estos o de sus gustos.

Descubra con este libro el gran abanico de jugos y smoothies que puede elaborar con ingredientes naturales para ofrecerle a su organismo nutrientes de calidad con inigualables sabores. Ya sea para elevar la energía, promover una buena digestión, reducir los efectos del resfriado u ofrecer nutrientes específicos que ayuden a la vista, a la piel, o a diversos órganos del cuerpo, estos jugos y smoothies son ideales para consumirlos como refrigerio, entre comidas o incluso para sustituir alguna de ellas. Entre tantas opciones de recetas, elíjalas apoyado en la detallada información, los consejos para elaborarlas de forma más rápida y fácil, y sobre todo, de acuerdo con sus necesidades. Disfrute de una vida más sana a través de su alimentación.

Los editores

CONTENIDO

¿POR QUÉ TOMAR JUGOS Y SMOOTHIES?

Los jugos y los smoothies son bebidas elaboradas con una base de frutas, de verduras, o una combinación de ambas, que contienen un alto contenido de nutrientes. Al incluirlas en nuestra dieta diaria podemos obtener beneficios en nuestro organismo, y con constancia, adquirir un estilo de vida más saludable.

Puede consumir estas bebidas como complemento de su alimentación, ya que son una excelente forma de incorporar a su dieta las raciones de frutas y verduras que su organismo necesita diariamente. Para ello, consúmalas como refrigerio a media mañana o a media tarde, o beba antes de cada comida una porción un poco más pequeña que la recomendada en la receta.

Otro beneficio de los jugos y smoothies es que ayudan a equilibrar y a variar la alimentación. Debido a que cada bebida tiene un contenido nutrimental distinto por los ingredientes que la componen, tomar un jugo o smoothie diferente cada día puede ayudar a equilibrar las necesidades del organismo en cuestión de micronutrientes, vitaminas, minerales, fitonutrientes y demás elementos. Asimismo, es una buena forma de incluir alimentos nutritivos que en las comidas diarias, como desayuno, comida o cena, no consumiría. Finalmente, los jugos y smoothies tienen el potencial de satisfacer necesidades específicas; por ejemplo, puede tomar una bebida energética antes de realizar una actividad física, una que le ayude a relajarse después de un día atareado, o quizás una que sea un dulce postre suculento y nutritivo.

Incorporar jugos y smoothies en la dieta diaria es muy sencillo y tiene incontables beneficios. Usted puede ajustar su consumo en función de sus necesidades, su estilo de vida y su presupuesto. Los ingredientes principales de las bebidas son frutas y verduras a los cuales se añaden, en pequeñas cantidades, otros ingredientes naturales y nutritivos, así que cualquier persona puede consumirlos (las personas que lleven una dieta específica por alguna enfermedad, intolerancia o alergia deberán consultar a su médico antes de consumirlos); de hecho, son una excelente forma de incorporar frutas y verduras en la dieta de niños pequeños y de mantenerlos hidratados. Por si fuera poco, para preparar un jugo o un smoothie se necesitan sólo algunos minutos; además son muy fáciles de transportar, por lo que puede llevarlos al trabajo, a la escuela o al gimnasio para que sean un refrigerio saludable, nutritivo, refrescante y exquisito.

El consumo frecuente de jugos y smoothies naturales tiene importantes beneficios nutrimentales que complementa-rán su alimentación y lo harán sentir mejor por dentro y por fuera:

▪ Mejoran la digestión debido a su aporte de fibra y enzimas.

▪ Optimizan la absorción y metabolización de nutrientes.

▪ Mantienen el organismo hidratado.

▪ Aumentan la energía y ayudan a tener una buena concentración y claridad mental.

▪ Disminuyen el riesgo de padecer enfermedades al fortalecer el sistema inmunológico.

▪ Aportan antioxidantes que protegen al organismo de los radicales libres.

▪ Promueven los procesos de desintoxicación del organismo al ayudar a eliminar la cantidad de productos químicos sintéticos ingeridos de otros alimentos.

¿Qué son?

Un jugo o un smoothie es una bebida preparada con base en una o más frutas, verduras o una combinación de ambas. En ocasiones puede estar combinada con distintos ingredientes para obtener mezclas con un increíble sabor y consis-tencia, además de complementar el aporte nutricional de los ingredientes de base. Por ejemplo, los jugos y smoothies verdes siempre incluyen alguna hortaliza o verdura, pero pueden no incluir fruta.

Para obtener los mejores beneficios nutricionales, es importante elaborar las bebidas con ingredientes naturales y de preferencia no procesados, sin azúcares, colorantes ni conservadores añadidos. No obstante, algunos ingredientes co-merciales pueden ser de gran ayuda en la elaboración de sus jugos o smoothies sin dejar de ser una fuente nutritiva; en este caso procure elegir productos orgánicos o cuyo proceso de elaboración sea de la mejor calidad posible; por ejemplo, frutas y verduras congeladas, miel de abeja o jarabes, especias, leches vegetales fortificadas, suplementos alimenticios (superalimentos en polvo, proteínas en polvo, entre otros).

Además de las frutas y las verduras, los ingredientes de los que se componen los jugos y smoothies se pueden clasi-ficar en los siguientes grupos:

▪ **Líquido base.** Jugos de fruta naturales, agua de coco, infusiones o leches vegetales son necesarios para procesar los ingredientes. Son fuente de micronutrientes, y en ocasiones de carbohidratos y fibra.

▪ **Oleaginosas y semillas.** Dan textura a las mezclas y complementan su sabor. Aportan proteínas de origen vegetal, fibra y ácidos grasos esenciales.

▪ **Especias.** Intensifican o potencian ciertas características del sabor de las bebidas. Son energizantes y tienen propie-dades antiinflamatorias y antioxidantes.

▪ **Edulcorantes naturales.** Sirven para complementar y endulzar el sabor de las bebidas. Aportan vitaminas y mine-rales.

▪ **Superalimentos.** Fortalecen características nutricionales específicas en un jugo o smoothie.

Las recetas de este libro son una guía y no son parte de ningún régimen específico, así que usted puede omitir algún ingrediente o sustituirlo, de preferencia con uno similar, en función de sus gustos o de su disponibilidad; no obstante, debe tener en cuenta que cualquier cambio que haga en la receta modificará en cierta medida la información nutri-cional proporcionada.

Diferencias entre un jugo y un smoothie

Tanto los jugos como los smoothies son alimentos con un contenido nutrimental denso. Ambos son una fantástica forma de incluir una gran variedad de alimentos a nuestra dieta y de consumir más de aquellos que no consumimos con frecuencia. La diferencia entre ambos es la presencia o ausencia de pulpa y de fibra insoluble, lo cual se logra a partir de la forma en la que se procesa el alimento para obtener un líquido.

Jugos

Un jugo se obtiene procesando en un extractor de jugos frutas y/o verduras (hortalizas, hierbas, tubérculos y raíces); este tipo de máquina extrae el agua y la mayoría de los nutrientes de los alimentos, incluyendo la fibra soluble, y retiene la cáscara y pulpa, los cuales contienen la fibra insoluble.

La fibra insoluble tiene importantes beneficios para la salud; sin embargo, también ralentiza la absorción de nutrientes, de los cuales algunos se alojan en ella. Al elaborar un jugo en un extractor se extrae de los alimentos hasta 70% de los nutrientes, de los cuales el cuerpo absorbe el 100%.

En resumen, un jugo es una bebida de fácil digestión con un contenido de nutrientes concentrado, los cuales se absorben casi inmediatamente y llegan rápidamente al torrente sanguíneo. Beber este tipo de alimento es muy recomendable para personas mayores o aquellas que sufran alguna enfermedad, fatiga o estrés, ya que les ayudará a incrementar su ingesta de nutrientes y acceder rápidamente a ellos; asimismo, les mantendrá hidratados, y debido a que el sistema digestivo se encontrará casi en completo reposo, el cuerpo tendrá más energía para enfocarse en regenerarse, curarse y desintoxicarse.

A diferencia de un smoothie, un jugo puede contener una mayor cantidad de alimento y, aún así, su volumen es inferior y su contenido más fácil de digerir. Por esta razón, los jugos son una excelente opción como complemento nutrimental, ya que en una pequeña porción de jugo cabe una gran cantidad de alimento y, por tanto, de nutrientes. Asimismo, es una buena forma de incluir verduras y frutas en todos los tiempos de comida. Procure siempre beber jugo con el estómago vacío para que las vitaminas y minerales lleguen directamente al torrente sanguíneo; bébalos mínimo 2 horas después de una comida y no consuma ningún alimento hasta 20 minutos después de beber uno.

Los jugos son también ideales en una dieta de desintoxicación, en la cual éstos son el único alimento durante algunos días; es importante consultar un médico antes de llevar a cabo este tipo de régimen.

La mayoría de los procedimientos para elaborar las recetas de este libro están pensados para preparar smoothies; sin embargo, usted podrá prepararlas con un extractor de jugos, siempre que los ingredientes lo permitan, para obtener una bebida sin fibra insoluble y sin cáscara. Una alternativa para elaborar un jugo sin un extractor consiste en licuar las frutas y/o verduras, o exprimirlas a mano en el caso de las frutas cítricas y, al final, colar el jugo obtenido.

Smoothies

Un smoothie se obtiene licuando o moliendo en un procesador de alimentos los ingredientes. El resultado es una bebida rica en nutrientes, así como en fibra soluble e insoluble. Muchos micronutrientes benéficos para el organismo, como carotenoides y polifenoles, a menudo se encuentran ligados a componentes estructurales o grandes moléculas dentro de la célula vegetal, como fibra, proteínas y almidones. Estas estructuras son resistentes y regularmente cuando masticamos un alimento no las rompemos por completo, lo cual impide obtener todos los nutrientes posibles. Posteriormente, durante el proceso digestivo se rompen las estructuras de la fibra, lo cual otorga acceso a algunos de esos nutrientes; sin embargo, muchos de ellos no son absorbidos por nuestro organismo. Durante el proceso de licuado de los alimentos que componen un smoothie, se rompe la estructura de las células, incluyendo la de los aminoácidos. Este proceso promueve la mayor disponibilidad de absorción de nutrientes al organismo.

La fibra insoluble que se conserva en un smoothie tiene varios beneficios nutrimentales. Por un lado, retarda la velocidad de absorción del azúcar en el organismo, lo cual ayuda a nivelar los niveles de glucosa en la sangre y prolonga la liberación de energía. Por otro lado, la fibra insoluble es necesaria para mantener el buen funcionamiento del sistema digestivo: acelera el paso de los alimentos a través del tracto digestivo y agrega volumen a las heces; así, los alimentos se eliminan más rápidamente favoreciendo el proceso de desintoxicación del organismo. Finalmente, la fibra insoluble también ayuda a mantener nivelado el pH dentro de los intestinos y a aumentar la capacidad de saciedad de la bebida.

Consumir smoothies permite obtener ciertos alimentos nutritivos que no es posible agregar a los jugos debido a su procesameinto en extractor, como semillas, nueces y algunas frutas de pulpa muy suave (plátano, aguacate, mamey, etc.). Agregar oleaginosas a los smoothies potencia los efectos de la fibra, pero también ayuda al organismo en la absorción de vitaminas liposolubles y fitoesteroles, presentes en las frutas y las verduras.

Cuándo y cómo consumir jugos y smoothies

Un jugo o smoothie puede beberse en cualquier momento del día. Para obtener todos los beneficios posibles, es necesario tomar en cuenta si consumirá la bebida como complemento alimentario o como un alimento de remplazo.

Jugos y smoothies son una excelente opción para complementar y equilibrar su alimentación diaria. Puede tomar la porción recomendada de cualquiera de las bebidas como refrigerio a media mañana o en la tarde; le ayudarán a reponer energía, a hidratarse y a mantener su hambre y antojos controlados durante el día. Si desea tomarlos durante las comidas, reduzca la porción recomendada para no sobrepasar sus necesidades energéticas y para no sentirse satisfecho antes de terminar sus alimentos; recuerde que después de consumir un jugo o un smoothie deberá esperar 20 minutos antes de ingerir algún alimento sólido para evitar futuros malestares, como acidez estomacal, hinchazón o gases. En la sección de **Jugos y smoothies frutales**, **Tersos smoothies** y **Supersmoothies** y los clasificados como **Energéticos**, encontrará muy buenas opciones de bebidas para consumirlas antes de realizar alguna actividad física intensa. En este último caso disfrute la porción recomendada con media hora de anticipación.

Los jugos generalmente no funcionan bien como alimento de remplazo (a menos que esté realizando un ayuno de desintoxicación), ya que la falta de fibra insoluble y de otros ingredientes (nueces y semillas por ejemplo) puede cau-

sarle hambre y falta de energía antes de la siguiente comida. Los smoothies, por su parte, son una excelente opción como alimento de remplazo; en este caso deberá ajustar la porción recomendada a sus necesidades energéticas individuales y al tiempo de comida; asimismo, deberá agregar una porción de proteína en caso de que el smoothie que haya elegido no tenga un aporte considerable, por ejemplo: 1 cucharada de espirulina o de *chlorella* en polvo, de proteína de *hemp*, de nueces o de amaranto, yogur o tofu.

Desayuno

Consumir un smoothie en el desayuno es la mejor forma de iniciar el día. Por un lado, obtendrá todos los macronutrientes necesarios para comenzar su día con energía y lo más probable es que se sentirá satisfecho hasta el medio día, pero sin experimentar una sensación de pesadez; además, si a usted le gusta consumir alimentos dulces por la mañana (galletas, donas, cereales y similares), la fruta fresca que incluyen los smoothies satisfará ese antojo pero de una manera más saludable. Por otro lado, el contenido de micronutrientes y antioxidantes que aporta un smoothie le permitirá mantenerse alerta y concentrado sin necesidad de tomar bebidas con cafeína.

En general, cualquiera de los smoothies propuestos en este libro son una buena opción para consumir como desayuno; no obstante, es recomendable consumir aquellos que tengan un aporte nutrimental completo y equilibrado. Busque aquellos categorizados como **Ricos en...**, **Energéticos**, **Antioxidantes**, así como los **Supersmoothies**. En el caso del desayuno no deberá preocuparse mucho por un contenido elevado de calorías (tendrá mucho tiempo para quemarlas) ni de carbohidratos, ya que una gran parte proviene de la fibra de las frutas y de las verduras, y el resto, del azúcar natural de las mismas.

Comida

Si desea consumir un smoothie como remplazo de la comida, asegúrese de que su aporte de proteínas, lípidos y fibra sea elevado; si no es así, compleméntelo agregando algún superalimento u oleaginosa, lo cual le permitirá sentirse satisfecho todo el día y tener energía para continuar con sus actividades. Los smoothies son una solución rápida y nutritiva para personas atareadas que comen fuera de casa o que tienen un tiempo limitado para comer; por ejemplo, para aquellos que deben aprovechar el tiempo de traslado comiendo en sus automóviles o en el transporte público.

Cena

Los smoothies pueden ser una excelente opción para preparar una cena nutritiva en menos de quince minutos; sin embargo, su consumo durante la noche puede generarle gases y causarle cierto malestar debido a que estas bebidas se digieren de manera muy eficiente y rápida. Así que si usted consumió alimentos pesados o con mucha proteína durante la hora de la comida o como refrigerio de media tarde, es muy probable que cuando beba su smoothie, éstos no se hayan digerido del todo y causen tráfico en su sistema digestivo.

Para un smoothie de remplazo en la cena, elija aquellos que tengan un aporte energético bajo, pues su organismo no tendrá mucho tiempo para quemar las calorías excedentes ni los carbohidratos. Una buena opción son los **Reguladores del sistema nervioso** y los **Smoothies verdes** y **Desintoxicantes** que generalmente incluyen pocas frutas y son bajos en azúcar; además, estos últimos le ayudarán a su organismo a combatir los radicales libres acumulados durante el día.

Conservación y almacenamiento

Lo más recomendable es consumir los jugos y los smoothies durante los primeros 20 minutos después de haberlos preparado, con el fin de evitar la degradación y oxidación de los nutrientes. Si esto no es posible, viértalo en un recipiente hermético, procurando que quede la menor cantidad de aire posible dentro del contenedor, y manténgalo en refrigeración hasta por 36 horas. En caso de que vaya a transportar su bebida, asegúrese de mantenerla fresca el mayor tiempo que le sea posible.

El fin de semana (o el día que tenga libre) puede preparar con anticipación los ingredientes de los jugos o smoothies que consumirá en la semana y así ahorrará tiempo en las mañanas; en el caso de los jugos, puede hacerlo con 2 o 3 días de anticipación y para los smoothies, hasta con 7 días. Haga una lista de todos los ingredientes que requerirá; compre frutas y verduras frescas (algunas frutas congeladas, como piña o frutas rojas, también son buena opción) y tenga a la mano los ingredientes complementarios; posteriormente lave y desinfecte los ingredientes y utensilios. Corte las frutas y las verduras que necesitará para cada receta, mida las cantidades y guárdelas en bolsas resellables o en recipientes herméticos (cada receta por separado); después, ponga una etiqueta con el nombre de la receta o la lista de ingredientes para no confundirlos. Conserve en refrigeración los ingredientes de los jugos o smoothies que consumirá en el transcurso de los 2 o 3 primeros días y elabore la bebida siguiendo el procedimiento de las receta. Para los smoothies, conserve las frutas y verduras en congelación hasta por 7 días; para prepararlos, introduzca todas las frutas y verduras congeladas en la licuadora, agregue el líquido y el resto de ingredientes que indique la receta, y procese todo.

Antes de comenzar

■ Lave y desinfecte frutas, verduras y hierbas. Mantenga limpios utensilios y máquinas procesadoras.

■ Cuando una receta solicite jugo de fruta, utilice jugos de fruta fresca recién exprimidos o extraídos para aprovechar al máximo sus propiedades.

■ Utilice frutas y verduras frescas en sus jugos y smoothies.

■ Es recomendable incluir en sus bebidas leches vegetales y agua de coco sin azúcares añadidos; así como cocoa sin azúcar, yogur bajo en grasas y sin azúcar y semillas y granos sin sal.

■ Cuando la receta requiera las frutas o verduras en piezas, por ejemplo ½ manzana o 1 rama de apio, utilice siempre piezas medianas.

■ Lea el instructivo de su licuadora, procesador o extractor de jugos.

■ Recuerde variar el tipo de hortalizas de hojas verdes que incluye en sus jugos y smoothies diariamente para evitar la intoxicación por oxalatos y asegurar una absorción correcta de minerales.

■ Si usted sigue una dieta vegetariana o vegana, prefiera el uso de leches vegetales fortificadas.

■ Ajuste la consistencia de sus smoothies según sus preferencias, agregando o disminuyendo la cantidad de líquido indicado en la receta.

CÓMO USAR ESTE LIBRO

Las recetas en este libro están agrupadas en cinco secciones: Jugos y smoothies frutales; Smoothies verdes; Smoothies tersos; Supersmoothies, y Bienestar y belleza. Asimismo, cada bebida está agrupada en alguna de las siguientes categorías:

▮ Antioxidante

Los jugos de esta categoría están elaborados con ingredientes que poseen propiedades antioxidantes. Los antioxidantes naturales son sustancias químicas, presentes en su mayoría en alimentos de origen vegetal, dentro de los cuales encontramos enzimas, vitaminas, minerales, pigmentos y otros compuestos vegetales. Su función antioxidante consiste en anular el efecto negativo que tienen los radicales libres en el organismo, ya sea aumentando la velocidad de su ruptura, previniendo su formación, o inactivándolos. Como resultado, protegen al organismo de sufrir infecciones, ralentizan el deterioro celular y el envejecimiento prematuro, además de disminuir la posibilidad de generar distintos tipos de cáncer.

Los radicales libres son moléculas reactivas que se forman naturalmente por contacto con el oxígeno en la atmósfera y dentro del cuerpo. Una exposición excesiva y constante a estas moléculas (ya sea porque se hayan formado al interior o se hayan asimilado del medio ambiente) daña las células, lo cual puede tener efectos negativos para la salud a lo largo de la vida, como alteración del ADN y la oxidación de proteínas y lípidos. Los radicales libres tienen la capacidad de disminuir la funcionalidad o producir alteraciones genéticas en las células que se dividen y renuevan continuamente, como las de la piel; las consecuencias van desde una aceleración del envejecimiento celular, que es lo que causa las arrugas por ejemplo, hasta el aumento del riesgo de cáncer a causa de las mutaciones genéticas.

Los componentes con altas cantidades de radicales libres a los que estamos más expuestos son los contaminantes del aire, el humo del cigarro, los medicamentos y los químicos en los alimentos. El cuerpo produce por sí mismo algunos antioxidantes, aunque en ocasiones éstos no son suficientes para neutralizar los radicales libres dentro del organismo.

Los nutrientes antioxidantes más importantes y que se pueden encontrar en los jugos y smoothies de esta categoría son: vitaminas C, A y E; minerales, como cobre, manganeso, selenio y zinc, y fitonutrientes, como antocianinas, lignanos, carotenos, isoflavinas y flavoniodes.

Algunos alimentos con gran poder antioxidante son: canela molida, cúrcuma, cacao, frutas rojas (cerezas, granada frambuesas, moras azules, zarzamoras, uvas, arándanos y fresas), brócoli, jengibre, chile, nueces y frutas deshidratadas.

▮ Ricos en...

En esta categoría se incluyen distintos tipos de bebidas; se trata de jugos y smoothies que son una fuente equilibrada de vitaminas y minerales y/o de macronutrientes; o bien, que son una excelente fuente de algún nutriente en específico. Por esta razón, los beneficios que ofrecen al organismo varían en función de su aporte nutrimental. Por lo general son bebidas muy nutritivas y energéticas que son recomendadas para consumirlas a cualquier hora del día.

▮ Energéticos

La falta de energía puede estar ligada a factores como mala alimentación, falta de ejercicio, deshidratación, ingesta excesiva de alcohol, estrés o ansiedad, entre otras causas; o bien ser un síntoma de enfermedades tanto pasajeras (un resfriado, un padecimiento estomacal, etc.) como crónicas (anemia, depresión, diabetes, etc.). En esta categoría están clasificados los jugos y smoothies que le ayudarán a energizar su cuerpo para contrarrestar el cansancio, así como aquellos que le proveerán de la energía necesaria para llevar a cabo actividades que requieran de un esfuerzo físico importante. Para energizar el organismo con un jugo o un smoothie es muy importante que éste cuente con todos los micro y macronutrientes (carbohidratos, proteínas y lípidos) en una proporción equilibrada.

Los carbohidratos proveen al organismo de glucosa, el combustible principal del organismo, para ser utilizada como energía. Los jugos proveen de energía instantánea, mientras que la fibra de los smoothies ralentiza la velocidad de absorción de los carbohidratos, permitiendo que la energía se libere lentamente para proveer de energía al cuerpo durante periodos de tiempo prolongados.

Aunque también proveen de energía al organismo, la principal función de las proteínas consiste en reparar y restaurar los músculos y los tejidos internos, mejorando el rendimiento muscular; esto es especialmente importante para las personas que se ejercitan diariamente.

Las grasas son también una excelente fuente de energía; los jugos y smoothies de esta categoría aportan grasas benéficas provenientes de granos y semillas oleaginosas. Estas grasas trabajan en conjunto con las proteínas en el proceso de recuperación; además, tienen propiedades antiinflamatorias y nutren las células, lo que también ayuda a mejorar el rendimiento.

Las vitaminas y los minerales son necesarios para que el organismo lleve a cabo los procesos de metabolización; en específico, las vitaminas del complejo B se encargan de la producción de energía a nivel celular, y los electrolitos mantienen el cuerpo hidratado.

▮ Digestivos

Los jugos y smoothies digestivos ayudan en las funciones del sistema digestivo, ya sea para aliviar los problemas de constipación o estreñimiento; mejorar la digestión y metabolización de nutrientes, o bien, para disminuir síntomas como diarrea, flatulencias, acidez estomacal, inflamación o náuseas.

Algunos factores que causan constipación o estreñimiento son la ingesta deficiente de fibra y de agua, cambios en la dieta o falta de ejercicio; también pueden ser una respuesta del cuerpo a ciertos medicamentos o una causa ligada a ciertas enfermedades. Los jugos y smoothies ricos en fibra pueden ayudar a eliminar el desecho que se haya acumulado en el colon. Como se mencionó anteriormente, estas bebidas se digieren muy fácilmente y están repletas de enzimas activas (necesarias para acelerar y propiciar acciones digestivas), vitaminas (destacan las vitaminas del complejo B, necesarias para la metabolización y aprovechamiento de los macronutrientes), minerales y fitonutrientes que se absorben rápidamente, asistiendo al sistema digestivo y al hígado. Asimismo, los jugos y smoothies proveen agua al organismo, la cual ayuda a los movimientos intestinales y favorece la eliminación de las heces.

Los malestares estomacales como la diarrea, la inflamación y la acidez estomacal pueden tener diversas causas; sin embargo, algunos ingredientes en los jugos y smoothies en esta categoría pueden ayudar a disminuir dichos síntomas. Finalmente, alimentos como las hierbas, especias y semillas y granos ricos en grasa, facilitan los procesos digestivos y reducen la producción de gases y la inflamación, además de tener distintas propiedades, como vermífugas y carminativas, antibacterianas y diuréticas.

▮ Desintoxicantes

En esta categoría se encuentran los jugos y smoothies que pueden ayudar al organismo en su proceso natural de desintoxicación, el cual consiste en neutralizar o eliminar las toxinas del cuerpo que dañan los tejidos. Algunas toxinas que se generan dentro del organismo son los productos de desecho que resultan de la actividad normal de las células, como el amoníaco, el ácido láctico y la homocisteína; pero otras son externas, pues provienen del medio ambiente, de la comida y el agua que ingerirnos, así como de los productos químicos con los que tenemos contacto diariamente. El hígado, los intestinos, los riñones, los pulmones, la piel, la sangre y el sistema linfático trabajan juntos para asegurar que las toxinas se transformen químicamente en compuestos menos dañinos y para que sean excretados del cuerpo.

Las bebidas de esta sección pueden ayudar al organismo a eliminar toxinas, así como a limpiar los órganos responsables de la limpieza del organismo, sobre todo del hígado y los riñones. Esto se logra a través de la ingesta de nutrientes con propiedades antioxidantes que protegen contra los radicales libres y mediante el consumo de alimentos ricos en fibra y en agua que atraen y eliminan las toxinas, aumentando así la frecuencia de las deposiciones y la orina.

El hígado es el órgano interno más grande del cuerpo humano. Éste resulta indispensable para los procesos de metabolización y desintoxicación al actuar como un filtro que desactiva y elimina las toxinas de la sangre. El proceso de desintoxicación del hígado consiste en convertir las toxinas en moléculas hidrosolubles que puedan ser desechadas a través de la orina y las heces, los riñones, los pulmones y la piel.

Alimentos que ayudan en este proceso de desintoxicación son los vegetales de la familia de las crucíferas y de hojas oscuras por su alto contenido en clorofila; vegetales astringentes y amargos, como berro, arúgula, y hojas de betabel, y alimentos ricos en selenio, como *wheatgrass*, levadura nutricional y nueces y semillas oleaginosas.

Un ayuno a base de jugos es una excelente forma de desintoxicar completamente el cuerpo a nivel metabólico y celular. La ausencia de fibra insoluble en estas bebidas permite al sistema digestivo descansar y la energía del organismo se concentra en las tareas de desintoxicación. Los órganos involucrados en este proceso comienzan a liberar toxinas acumuladas a través del tiempo; las células enfermas comienzan a circular y a ser excretadas, y la sangre se purifica. Considere que para hacer cualquier tipo de ayuno es necesario que consulte a su médico.

▪ Bienestar y belleza

En esta sección se encuentran jugos y smoothies que se pueden clasificar en distintas categorías: hidratantes, antigripales o activadores del sistema inmunológico, buenos para la piel y la vista, y reguladores del sistema nervioso. Se trata de bebidas cuyo consumo frecuente puede ayudar a aliviar o prevenir la aparición de ciertos síntomas causados generalmente por el estrés de la vida diaria, una mala alimentación, el contacto con productos químicos o por un medio ambiente contaminado. Si bien estas bebidas no representan una cura ni un remedio para ciertos malestares o enfermedades; tienen la capacidad de aliviar algunos síntomas, además de favorecer un estilo de vida más relajado y en armonía con su cuerpo.

Información nutrimental

Cada receta en este libro incluye su rendimiento y la porción recomendada, así como su información nutrimental; de esta forma usted puede elegir la cantidad y el momento del día en que los beberá. La información nutrimental aparece en alguna de las formas mostradas en la página siguiente.

Los requerimientos diarios, tanto energéticos como de micro y macronutrientes, son individuales, ya que son determinados por varios factores; entre los más importantes están: la edad, el sexo, el peso, la altura, el estado de salud y la actividad física que se realiza o no diariamente. La información nutrimental y los porcentajes que se presentan en cada receta están calculados con base en una dieta de 2000 calorías para una persona sana, con una actividad física moderada y de un peso aproximado de 70 kilogramos. Por tanto, la información presentada es una guía y es muy probable que no se ajuste al 100% a sus necesidades específicas. Consulte a su médico de cabecera en caso de dudas.

La ingesta diaria promedio de macronutrientes que fue utilizada para calcular los porcentajes es la siguiente:

▪ **Carbohidratos:** un consumo diario de 3 a 4 gramos por kilogramo de peso o 255 gramos diarios.

▪ **Lípidos:** un consumo diario de 0.8 a 1 gramo por kilogramo de peso o 65 gramos diarios.

▪ **Proteínas:** un consumo diario de 1 a 1.5 gramos por kilogramo de peso o 100 gramos diarios.

Explicación de las recetas

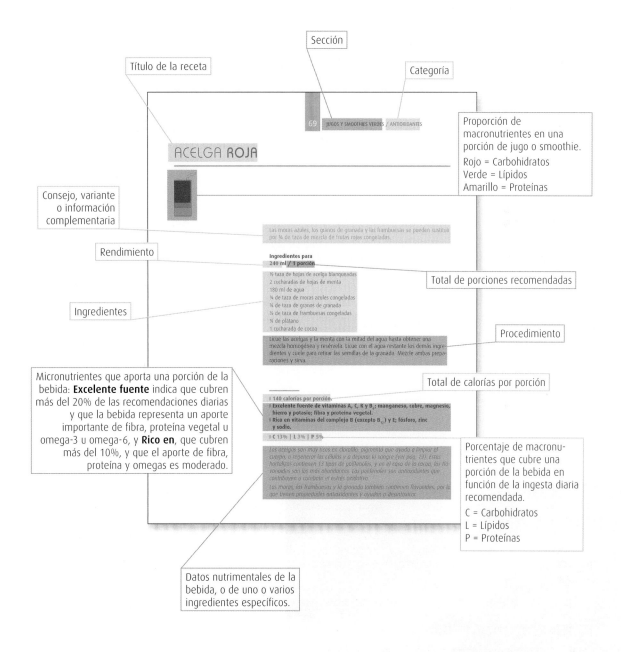

Sección

Título de la receta

Categoría

69 JUGOS Y SMOOTHIES VERDES / ANTIOXIDANTES

Proporción de macronutrientes en una porción de jugo o smoothie.
Rojo = Carbohidratos
Verde = Lípidos
Amarillo = Proteínas

ACELGA ROJA

Consejo, variante o información complementaria

Las moras azules, los granos de granada y las frambuesas se pueden sustituir por ¾ de taza de mezcla de frutas rojas congeladas.

Rendimiento

Ingredientes para
240 ml / 1 porción

½ taza de hojas de acelga blanqueadas
2 cucharadas de hojas de menta
180 ml de agua
¼ de taza de moras azules congeladas
¼ de taza de granos de granada
¼ de taza de frambuesas congeladas
¼ de plátano
1 cucharada de cocoa

Total de porciones recomendadas

Ingredientes

Licue las acelgas y la menta con la mitad del agua hasta obtener una mezcla homogénea y resérvela. Licue con el agua restante los demás ingredientes y cuele para retirar las semillas de la granada. Mezcle ambas preparaciones y sirva.

Procedimiento

Micronutrientes que aporta una porción de la bebida: **Excelente fuente** indica que cubren más del 20% de las recomendaciones diarias y que la bebida representa un aporte importante de fibra, proteína vegetal u omega-3 u omega-6, y **Rico en**, que cubren más del 10%, y que el aporte de fibra, proteína y omegas es moderado.

Total de calorías por porción

» 140 calorías por porción.
» **Excelente fuente de vitaminas A, C, K y B₆; manganeso, cobre, magnesio, hierro y potasio; fibra y proteína vegetal.**
» **Rico en vitaminas del complejo B (excepto B₁₂) y E; fósforo, zinc y sodio.**

» C 13% | L 3% | P 5%

Los acelgas son muy ricos en clorofila, pigmento que ayuda a limpiar el cuerpo, a regenerar las células y a depurar la sangre (ver pag. 19). Estas hortalizas contienen 13 tipos de polifenoles, y en el caso de la cocoa, los flavonoides son los más abundantes. Los polifenoles son antioxidantes que contribuyen a combatir el estrés oxidativo.
Las moras, las frambuesas y la granada también contienen flavonoides, por lo que tienen propiedades antioxidantes y ayudan a desintoxicar.

Porcentaje de macronutrientes que cubre una porción de la bebida en función de la ingesta diaria recomendada.
C = Carbohidratos
L = Lípidos
P = Proteínas

Datos nutrimentales de la bebida, o de uno o varios ingredientes específicos.

NUTRIENTES

Carbohidratos

Este macronutriente es la mayor fuente de energía del cuerpo. Los carbohidratos se clasifican en simples y complejos. Los simples son aquellos que se absorben rápidamente en el organismo en forma de glucosa proporcionándole energía de manera inmediata; esto provoca que el azúcar en la sangre aumente sus niveles rápidamente. Los carbohidratos complejos se absorben lentamente, por lo que no causan cambios bruscos en los niveles de azúcar en la sangre. Alimentos como frutas, lácteos y endulzantes naturales son una fuente natural de carbohidratos simples; y alimentos como semillas, granos, leguminosas y cereales son buena fuente de carbohidratos complejos. Generalmente este tipo de alimentos son ricos en vitaminas, minerales y fibra.

Lípidos

Los lípidos o grasas son una excelente fuente de energía que se digieren lentamente causando sensación de saciedad. El consumo de lípidos es crucial para el desarrollo del cerebro y del sistema nervioso; son necesarios para absorber vitaminas liposolubles y para proteger a los órganos vitales; y ayudan a mantener saludable la piel y el cabello. Debido a su alto aporte energético, los lípidos deben consumirse de manera moderada. Se deben preferir alimentos que sean fuente de grasas insaturadas, ya que ayudan a elevar el colesterol bueno y a disminuir el riesgo de padecer enfermedades cardiacas; este tipo de grasas se encuentran en granos y semillas oleaginosas.

Proteínas

Las proteínas desempeñan un gran número de funciones en las células: forman parte de la estructura básica de tejidos corporales y, por tanto, son necesarias para la formación del cerebro, músculos, sangre, piel, cabello, uñas y tejido conectivo; desempeñan funciones metabólicas y reguladoras, como asimilación de nutrientes, transporte de oxígeno y de grasas en la sangre, regulación de vitaminas liposolubles y minerales, transporte de hormonas y vitaminas a través del torrente sanguíneo y formación de anticuerpos.

Las moléculas de proteína están formadas por compuestos orgánicos llamados aminoácidos. A través de la alimentación el cuerpo recibe 8 aminoácidos esenciales; es decir, los necesarios para la formación de las moléculas de proteína que éste no puede producir. No todos los alimentos ricos en proteínas proporcionan los mismos aminoácidos ni en la misma cantidad; por tanto, éstos se dividen en alimentos ricos en proteínas completas o incompletas. Los alimentos ricos en proteínas completas son aquellos que contienen los 8 aminoácidos esenciales en concentraciones suficientes para cubrir los requerimientos de los seres humanos; se encuentran en los alimentos de origen animal y en algunos de origen vegetal, como la soya, el amaranto y las algas marinas. Las proteínas alimentarias incompletas son deficientes en uno o más aminoácidos esenciales; generalmente son proteínas de origen vegetal.

Vitaminas y minerales

Las vitaminas y los minerales son compuestos orgánicos esenciales para el funcionamiento correcto del organismo en las cantidades requeridas por el mismo. La mayoría de estos nutrientes esenciales no son sintetizados por el organismo; por tanto, deben obtenerse diariamente a través de una equilibrada selección de alimentos.

Las vitaminas liposolubles son las A, D, E y K que, como su nombre lo indica, son solubles en grasas, estas últimas, necesarias en el intestino para su absorción. Estas vitaminas se almacenan en el hígado y en los tejidos grasos del cuerpo, por lo que no es necesaria una ingesta diaria. Si se consumen en exceso (más de 10 veces la cantidad recomendada) pueden resultar tóxicas.

Las vitaminas hidrosolubles son la C y todas las del complejo B; son solubles en agua y deben ser consumidas regularmente, pues no son almacenadas por el organismo y se eliminan continuamente por diversos fluidos. El complejo B agrupa a varias vitaminas relacionadas entre sí y con funciones similares; todas son necesarias para el correcto funcionamiento de muchos procesos que ocurren dentro del organismo. En general, las vitaminas del complejo B ayudan en la metabolización a nivel celular de carbohidratos, lípidos y proteínas para convertirlos en energía.

VITAMINAS LIPOSOLUBLES	INDISPENSABLES PARA	FUENTES
Vitamina A o retinol (productos de origen animal) **Provitamina A** (productos de origen vegetal, disponible en forma de betacarotenos, los cuales se transforman en vitamina A dentro del organismo)	Fortalecer el sistema inmunológico; funcionamiento del hígado, corazón, pulmones y riñones; mantener piel, dientes y huesos saludables; protección antioxidante; reproducción y ciclo menstrual; salud visual.	Calabaza, camote, cereza, chabacano, ciruela, *chlorella*, durazno, guayaba, hortalizas de hoja verde, jitomate, leches vegetales fortificadas, mandarina, mango, maracuyá, melón, papaya, sandía, yogur, *wheatgrass*, zanahoria.
Vitamina D o calciferol	Absorción del calcio en los huesos; apoyar al sistema inmunológico; metabolizar grasas; regular la temperatuta corporal; regular el fosfato; salud dental; salud mental y emocional; salud y fortaleza de los huesos.	Leches vegetales fortificadas, yogur, exposición al sol.
Vitamina E o tocoferol	Absorción de la vitamina K; formación de glóbulos rojos; fortalecer el sistema inmunológico; protección antioxidante; salud cardiovascular; salud de la piel, pues evita la formación de arrugas y ayuda a la cicatrización.	Aguacate, avena, hortalizas de hojas verdes, leche de almendra, oleaginosas y semillas, *wheatgrass*.
Vitamina K	Asiste el buen funcionamiento de la vitamina D para reparar y construir huesos; coagulación de la sangre; regular el flujo sanguíneo durante la menstruación.	Albahaca, brócoli, cilantro, ciruela pasa, col, espárrago, hortalizas de hojas verdes, leche de soya, pepino, perejil, semillas de chía, yogur.

VITAMINAS HIDROSOLUBLES	INDISPENSABLES PARA	FUENTES
Vitamina B_1 o tiamina	Buena memoria; claridad mental y concentración; mantener el buen funcionamiento del sistema nervioso; metabolizar carbohidratos; salud cardiovascular.	Avena, camote, chícharo, *chlorella*, espárrago, espirulina, germen de trigo, levadura nutricional, linaza, nuez de macadamia, maracuyá, naranja, pistache, semilla de ajonjolí, de chía, de girasol y de *hemp*, tofu, *wheatgrass*.
Vitamina B_2 o riboflavina	Controlar el estrés; desarrollo adecuado de la piel, cabello y uñas; metabolizar carbohidratos, grasas y proteínas; proteger las celulas; potenciar defensas naturales de las células; proteger el revestimiento del tracto digestivo.	Agua de coco, ajonjolí, almendra, berro, col, *chlorella*, *kale*, espinaca, espirulina, germen de trigo, jarabe de maple, leche de almendra y de soya, levadura nutricional, semillas de girasol y de *hemp*, polen, tofu, yogur, *wheatgrass*.
Vitamina B_3, PP o niacina	Mejorar la circulación sanguínea; procesos de desintoxicación; producir hormonas sexuales; regular el humor; regular el metabolismo (produce tiroxina); regular los niveles de azúcar en la sangre y de energía (produce insulina); salud del sistema nervioso y digestivo.	Aguacate, almendra, betabel, cacahuate, chícharo, camote, *chlorella*, espirulina, leche de arroz, levadura nutricional, linaza, maracuyá, semillas de girasol y de chía, verduras y hortalizas verdes, *wheatgrass*.
Vitamina B_5 o ácido pantoténico	Aprovechamiento de la vitamina B_2; proteger la parte superior del aparato respiratorio; biotransformación y eliminación de las sustancias tóxicas; formación de anticuerpos; metabolizar carbohidratos y grasas; producción de glóbulos rojos; salud del sistema nervioso e inmunológico; síntesis de hormonas adrenales y control de estrés.	Agucate, amaranto, brócoli, camote, dátil, espirulina, hortalizas de hojas verdes, germinado de lenteja, de trigo, de alfalfa y de soya, levadura nutricional, papa, yogur.
Vitamina B_6 o piridoxina	Controlar los niveles de azúcar en la sangre; formación de hemoglobina; formación de neurotransmisores; fortalecer el sistema inmunológico; metabolizar proteína; regular el humor y mejorar la concentración; regular la presión arterial, así como el sodio y el potasio.	Ajojolí, amaranto, *chlorella*, ciruela pasa, dátil, hortalizas de hojas verdes, leche de soya, levadura nutricional, linaza, perejil, pistache, plátano, semillas de chía, de girasol y de *hemp*, *wheatgrass*.
Vitamina B_8 o biotina	Buen funcionamiento de las glándulas sebáceas; crecimiento celular; metabolizar proteína y grasas; producción de glucosa a partir de fuentes alternas cuando existe un déficit de ésta en el organismo; salud de la piel, cabello y uñas.	Acelga, coliflor, frambuesa, fresa, pepino, plátano, oleaginosas, zanahoria.
Vitamina B_9 o ácido fólico	Aprovechar el hierro (en conjunto con la vitamina B_{12}); construir anticuerpos y fortalecer el sistema inmunológico; crecimiento y división celular; digerir y metabolizar proteínas y carbohidratos; producir hemoglobina (en conjunto con la vitamina B_{12}); producir material genético (en conjunto con la vitamina B_{12}); salud cardiovascular; salud mental y emocional.	Aguacate, amaranto, betabel, brócoli, calabaza, camote, chabacano, chícharo, col, espárrago, germinados, hortalizas de hojas verdes, leche de soya, levadura nutricional, semillas de calabaza y de *hemp*, tofu, zanahoria.
Vitamina B_{12} o cobalamina	Aprovechar el hierro (en conjunto con la vitamina B_9); crecimiento, reparación y curación; funcionamiento de las neuronas y concentración; liberar energía; producir material genético (en conjunto con la vitamina B_9); producir y desarrollar glóbulos rojos (en conjunto con la vitamina B_{12}); salud cardiovascular; salud del sistema nervioso.	Leches vegetales fortificadas, levadura nutricional, yogur.
Vitamina C o ácido ascórbico	Controlar el estrés; desarrollar hormonas sexuales; fortalecer el sistema inmunológico; mantenenimiento de tejidos y producir colágeno; protección antioxidante; reparar y mantener fuertes los huesos; salud cardiovascular; sanar heridas y cicatrizar.	Agua de coco, brócoli, calabazas, cítricos, col, coliflor, kiwi, espinaca, hortalizas de hojas verdes, jitomate, mango, melón, moras, papa, papaya, piña, polen, sandía, *wheatgrass*.

MINERALES	INDISPENSABLES PARA	FUENTES
Calcio	Absorción de vitamina B_{12}; comunicación celular; contracción muscular; formación y conservación de huesos, dientes, cabello y uñas firmes; salud cardiovascular.	Acelga, ajonjolí, almendra, brócoli, canela, col, espárrago, jarabe de maple, higo, *kale*, leches vegetales fortificadas, nuez de la India, semillas de chía, tofu, yogur.
Cobre	Apoyar las funciones cerebrales; formación de colágeno, tejido conectivo y huesos; formar glóbulos rojos y blancos; metabolización de glucosa para convertirla en energía; pigmentación de la piel; protección antioxidante.	Aguacate, amaranto, cocoa, dátil, espárrago, espirulina, jarabe de agave, linaza, miel de abeja, polen, nuez de la India, semillas de chía, de girasol y de calabaza, tofu.
Hierro	Crecimiento y desarrollo del cuerpo; formar glóbulos rojos y hemoglobina necesaria para transportar oxígeno en la sangre; fortalecer el sistema inmunológico; transportar oxígeno al cerebro y a los músculos.	Canela, *chlorella*, cocoa, cúrcuma, espirulina, frutas secas, hortalizas de hojas verdes (en específico: berro, perejil, espinaca, brócoli y *kale*), proteína de *hemp*, semillas de chía y de *hemp*.
Fósforo	Buen funcionamiento de los riñones (junto con el complejo B); contracción muscular (junto con el complejo B); formación de huesos y dientes (junto con el calcio); regular la utilización y almacenamiento de energía; regular la utilización de carbohidratos y grasas; regular fuidos corporales (junto con el sodio, el potasio y el cloro).	Ajonjolí, amaranto, agua de coco, avena, *chlorella*, cocoa, levadura nutricional, linaza, oleaginosas, semillas de chía, de calabaza, de *hemp* y de girasol, tofu, yogur, *wheatgrass*.
Magnesio	Controlar el estrés; ayudar en el metabolismo de grasas, proteínas y carbohidratos; claridad mental; reducir presión arterial; relajación muscular; relajar y ayudar a dormir; salud del sitema cardiovascular y nervioso; transportar calcio a los huesos.	Amaranto, agua de coco, *chlorella*, cítricos, cacao, espirulina, hortalizas de hojas verdes (en específico: acelga, berro, perejil, espinaca, col y *kale*), jitomate, linaza, oleaginosas, proteína de *hemp*, semillas de chía y de *hemp*, zanahoria.
Manganeso	Control de los niveles de azúcar en la sangre; formación y mantenimiento de huesos; producción hormonal; protección antioxidante; regeneración de células sanguíneas, piel y tejidos internos.	Amaranto, agua de coco, avena, canela, cocoa, cúrcuma, espirulina, jarabe de maple, linaza, miel de abeja, oleaginosas, semillas de chía, de calabaza, de *hemp* y de girasol, tofu.
Potasio	Equilibrar los niveles de sodio para la hidratación de todos los fluidos corporales; evitar la retención de líquidos; favorecer el funcionamiento digestivo, muscular y neuronal; regular el metabolismo a nivel celular para crear energía; regular la presión sanguínea.	Agua de coco, ajonjolí, almendra, avellana, berro, dátil, espárrago, espinaca, higo, jitomate, kiwi, naranja, plátano, zanahaoria, *wheatgrass*.
Selenio	Apoyar al sistema inmunológico; desintoxicar el hígado; producción de células anticancerígenas; protección antioxidante; proteger al sistema cardiovascular.	Levadura nutricional, nuez de Brasil, oleaginosas, semillas de chía, de girasol y de calabaza, tofu, yogur, *wheatgrass*.
Sodio	Apoyar las transmisiones nerviosas; ayudar en la absorción de carbohiodratos; cuando se encuentra en equilibrio con el potasio, hidratar el organismo y permite mantener un pH neutro a nivel celular; permitir las contracciones musculares; transportar nutrientes a las células.	Agua de coco, espirulina, leche de almendra.
Zinc	Apoyar al sistema inmunológico; crecimiento de nuevas células y enzimas; correcta curación de heridas; digestión eficiente de proteínas; evitar la piel grasa y el acné; producción de insulina; regulación hormonal y del metabolismo; regular y mantener el tono de la piel.	*Chlorella*, cocoa, jarabe de maple, levadura nutricional, linaza, nuez de la India, polen, proteína de *hemp*, semillas de calabaza, de chía y de *hemp*, tofu, yogur, *wheatgrass*.

INGREDIENTES

Superalimentos

Este tipo de alimentos presentan una densa cantidad de uno o varios nutrientes específicos que pueden ayudar a complementar la alimentación diaria o a cubrir las necesidades diarias de un nutriente determinado que sea deficiente debido a alguna enfermedad en particular, una intolerancia o alergia alimentaria, o un estilo de vida específico. Los superalimentos deben consumirse en pequeñas cantidades; generalmente, con agregar 1 cucharada a su bebida obtendrá los beneficios nutrimentales. Algunos de ellos son:

▎ **Algas marinas (espirulina y *chlorella*)**   Las algas marinas son una de las mejores fuentes vegetarianas de proteínas completas; 1 cucharada de espirulina o *chlorella* en polvo aporta aproximadamente 4 gramos. Asimismo, aportan hierro, vitaminas del complejo B, y en menor medida calcio, además de ser ricas en antioxidantes (betacarotenos, criptoxantina, luteína y zeaxantina) y tener propiedades alcalinizantes y desintoxicantes dentro del organismo. La espirulina se comercializa comúnmente en forma de polvo, aunque también es posible encontrarla fresca. La *chlorella* se vende en forma de tabletas o cápsulas y en polvo; esta última presentación es recomendable para añadirla a los smoothies. Agregar una pequeña cantidad de estas algas a una bebida complementará considerablemente su aporte y beneficios nutrimentales. También puede incluir en sus jugos y smoothies otros tipos de algas, como *wakame* o nori, aunque el contenido de nutrientes de éstas no es tan denso como las anteriores.

▎ **Agua de coco**   El agua de coco natural es el líquido que se obtiene del interior de los cocos tiernos. Dentro de sus múltiples beneficios destaca su capacidad hidratante y el ser baja en calorías; 1 taza de agua de coco natural sin azúcares añadidos aporta poco menos de 9 gramos de carbohidratos, casi 2 gramos de proteína y menos de 1 gramo de grasa. Es una buena fuente de electrolitos en proporciones equilibradas (de ahí sus propiedades hidratantes), así como de minerales y vitaminas C, B_9 y B_2. Otra cualidad del agua de coco es que está compuesta por enzimas que favorecen la digestión y los procesos metabólicos.

▎ **Amaranto**   Excelente fuente de proteína de origen vegetal, carbohidratos y fibra, además de ser rico en omega-6, en minerales como manganeso, magnesio y fósforo, y en vitaminas. Se diferencia de otros cereales, pues además de ofrecer proteínas completas (aportan los 8 aminoácidos esenciales en proporciones equilibradas), es una opción alimentaria libre de gluten que se digiere muy fácilmente.

▎ **Aloe vera**   El aloe vera, obtenido en forma de gel, se extrae del interior de las hojas de la planta del mismo nombre y normalmente se utiliza de manera tópica como hidratante, antiinflamatorio y para aliviar lesiones cutáneas. No obstante, su ingesta también tiene ciertos beneficios debido a sus propiedades antivirales, antibacterianas y antiinflamatorias; la dosis diaria recomendada oscila entre 1 y 3 cucharadas. La consistencia viscosa del gel lubrica el tracto digestivo protegiéndolo de sufrir lesiones y mejorando el tránsito intestinal. También es útil para tranquilizar los síntomas de enfermedades como úlceras o colitis. Asimismo, tiene propiedades laxantes, optimiza la absorción de nutrientes y actúa como fortificador del sistema inmunológico.

▎ **Avena**   Este cereal se diferencia de otros por ser rico en ácidos grasos insaturados y por ser una buena fuente de proteínas de alto valor biológico. La avena es también una excelente fuente de fibra soluble e insoluble; la primera, ayuda a reducir los niveles de colesterol y de azúcar en la sangre; la segunda, favorece la digestión y ayuda a acelerar la evacuación. Asimismo, tiene propiedades antioxidantes debido a su alto contenido en manganeso y es buena fuente de otros minerales, como fósforo, magnesio, cobre, hierro y zinc y vitaminas B_1 y B_3.

▎ **Canela**   Esta especia antioxidante tiene un sabor dulce y genera una sensación picante muy agradable en los smoothies. Como muchas otras especias, la canela es un estimulante que se utiliza como alternativa medicinal debido a los beneficios que sus aceites esenciales ofrecen al organismo. Es fuente de manganeso, hierro, calcio y vitamina K. Tiene propiedades antiinflamatorias y desacidificantes, ayuda a prevenir la inflamación estomacal y la gastritis, es antidiarreica y ayuda a detener náuseas y vómitos.

▌**Clorofila**   Es el pigmento responsable del color verde de las plantas, que absorbe la energía de la luz para convertirla en energía; mediante la fotosíntesis. La clorofila es muy similar a la hemoglobina, pigmento de la sangre en los mamíferos; la diferencia reside en que la hemoglobina contiene hierro, mientras que la clorofila contiene magnesio; por tanto, puede tener un efecto terapéutico como reconstituyente sanguíneo y como un posible tratamiento para la anemia. El consumo de clorofila, ya sea a partir de fuentes naturales como algas y hortalizas de hojas verdes, o a través de suplementos comerciales, posee un sinfín de beneficios para el organismo: neutraliza los radicales libres gracias a sus propiedades antioxidantes; fortalece el sistema inmunológico; algunos estudios han demostrado cierta capacidad de inhibir el crecimiento de células cancerígenas, y finalmente, se le reconocen propiedades purificadoras, alcalinizantes y energizantes. Debido a su capacidad de regenerar células, provee al organismo de energía y vigor y ayuda a eliminar toxinas y ciertas bacterias patógenas del organismo.

▌**Cacao (*nibs* de cacao y cocoa en polvo)**   El cacao es uno de los alimentos con mayor concentración de antioxidantes: es rico en cobre, manganeso y en flavonoides, los cuales favorecen la circulación sanguínea. Contiene teobromina, alcaloide que estimula el sistema central; serotonina, neurotransmisor que ayuda a luchar contra el estrés; feniletilamina, que es un antidepresor, y magnesio, que ayuda al cuerpo a mantenerse relajado. También tiene propiedades antiinflamatorias y energizantes. Para aprovechar al máximo las propiedades antioxidantes del cacao, la mejor forma de consumirlo es en forma de *nibs* o virutas (granos de cacao troceados); en el caso de la cocoa, es recomendable elegir una orgánica y menos procesada.

▌*Hemp* **(semillas, leche y proteína en polvo)**   Las semillas de *hemp* son una excelente fuente de proteína vegetal de alto valor biológico, de fibra, y son también una buena fuente de omega-3 y omega-6. También aportan minerales como manganeso, cobre, magnesio, fósforo y hierro, así como enzimas y clorofila. Tienen propiedades antioxidantes y antiinflamatorias que fortalecen el sistema inmunológico. De las semillas de *hemp* se obtienen la leche y la proteína en polvo. Puede agregar este superalimento a los jugos o smoothies en cualquiera de las tres presentaciones de acuerdo con los beneficios que desee obtener; por ejemplo, la leche de *hemp* comercial tiene los mismos beneficios nutrimentales que las semillas, aunque generalmente está fortificada con más vitaminas y minerales; por su parte, la proteína en polvo aporta más proteína y aminoácidos que las semillas o la leche; sin embargo, no es una fuente considerable de ácidos grasos.

▌**Jengibre**   El jengibre es una raíz reconocida por sus propiedades medicinales muy apreciado culinariamente por su sabor perfumado, fresco y picante. Sus aceites esenciales fortalecen el sistema inmunológico y es una de las especias con mayor poder antiinflamatorio; también tiene propiedades antiespasmódicas, antináuseas, de mejora de la circulación y estimulantes de las funciones del hígado y la vesícula.

▌**Levadura nutricional**   La levadura nutricional es un complemento alimenticio que consiste en levadura inactiva. A diferencia de la levadura de cerveza y la levadura para panificación, se fortifica industrialmente con vitaminas, por lo que los valores nutricionales del producto varían en función de la marca. Es un alimento de mucho interés para personas vegetarianas y veganas, ya que es rico en vitaminas del complejo B, en específico B_{12}, la cual naturalmente se encuentra únicamente en productos de origen animal. Es muy rica en proteínas y no es una fuente considerable de carbohidratos ni grasas. Además, aporta minerales como selenio, zinc y fósforo.

▪ **Linaza**   Estas semillas son ricas en ácidos grasos omega-3, los cuales tienen propiedades antiinflamatorias, ya que estimulan en el organismo la producción de compuestos antiinflamatorios e inhiben la producción de compuestos inflamatorios. Para que el organismo se beneficie de estas propiedades es mejor consumir las semillas molidas. También son una excelente fuente de fibra soluble, la cual le da esa consistencia mucilaginosa cuando entra en contacto con algún líquido; este tipo de fibra mejora la absorción intestinal de nutrientes, estabiliza el paso de los alimentos a través del intestino y ayuda a eliminar toxinas. La linaza es una fuente alimentaria rica en lignanos, fitoestrógenos y antioxidantes, los cuales se ha demostrado reducen el riesgo de sufrir cáncer de colon.

▪ **Polen de abeja**   El polen de abeja es un producto elaborado por las abejas a partir del polen que recolectan de las plantas. Es considerado como el alimento más completo de la naturaleza. Es rico en proteínas, fibra, enzimas, vitaminas y minerales que en conjunto aseguran un buen funcionamiento del metabolismo y fortalecen el sistema inmunológico. Un consumo continuo puede ayudar a mejorar el desempeño físico, sobre todo de deportistas, gente mayor o personas en proceso de recuperación de alguna enfermedad.

▪ **Semilla de chía**   Es la mayor fuente vegetariana de omega-3 y una excelente fuente de calcio y de proteínas completas. Una cucharada de chía aporta casi 4 gramos de fibra, por lo que ayuda a regular los niveles de colesterol y de azúcar en la sangre y favorece al sistema digestivo. Las semillas de chía también tienen propiedades antioxidantes, antiinflamatorias e hidratantes que permiten mantener piel, cabello y uñas saludables. Además de sus beneficios nutrimentales, agregar chía en los jugos y smoothies es una buena forma de saciar el apetito y mantener energizado al organismo durante varias horas.

▪ **Tofu**   El tofu es un ingrediente ideal como sustituto del yogur o de la leche de vaca en los smoothies, ya que les confiere una consistencia tersa y es una fuente importante de proteínas de alto valor biológico, pero a diferencia de los lácteos, es muy bajo en grasas y carbohidratos. Nutrimentalmente es una buena fuente de minerales y de vitaminas del complejo B, y disminuye los niveles de colesterol y equilibra los niveles hormonales.

▪ *Wheatgrass*   El pasto de trigo o *wheatgrass* es el brote de las semillas de trigo germinadas; por tanto, es libre de gluten y de agentes alérgenos. El *wheatgrass* tiene propiedades alcalinizantes y desintoxicantes: ayuda a remover del organismo toxinas y desechos causados por el consumo de drogas, entre ellos medicamentos, metales pesados y agentes cancerígenos; asimismo purifica y limpia la sangre y el hígado. Es un potente fortificador del sistema inmunológico y ayuda en la producción de hemoglobina, por lo que auxilia en los procesos de cicatrización y previene infecciones bacteriológicas. Es rico en clorofila, en betacarotenos y en vitaminas C y E, por lo que tiene propiedades antioxidantes; además, es una fuente significativa de selenio y de vitamina B_2; el primero, un mineral indispensable para proteger al organismo de los efectos tóxicos de los metales pesados y los radicales libres, y la vitamina B_2 ayuda a potenciar las defensas naturales de las células. Por si fuera poco, el *wheatgrass* es una excelente fuente de proteína: 1 cucharada de extracto tiene casi 2 gramos de proteína conformados por 17 aminoácidos.

Edulcorantes naturales

Ninguna de las recetas en este libro incluye azúcar refinada de ningún tipo, y no es recomendable su utilización. La gran mayoría de las bebidas obtiene su sabor dulce únicamente de las frutas, de las verduras y de algún otro ingrediente que las componen; sin embargo, para otras resulta necesario agregar algún tipo de edulcorante natural, ya sea para potenciar o mejorar el sabor de la bebida o darle consistencia. Usted puede ajustar el sabor de su bebida en función de sus preferencias. Siéntase en la libertad de sustituir un edulcorante por otro; pero si desea una bebida menos dulce, puede omitir el edulcorante o disminuir un poco la cantidad de fruta añadida; por el contrario, si desea una bebida más dulce, puede agregar el edulcorante natural de su preferencia. Recuerde que cualquier modificación que haga en las recetas originales afectará el aporte nutrimental de la bebida y en el caso de los edulcorantes, el aporte calórico puede aumentar drásticamente si éstos no se agregan con moderación. Los edulcorantes naturales que le proponemos a continuación le darán un sabor más dulce a su bebida, le aportarán nutrientes, y en ocasiones fibra. Además de estas opciones, existen ingredientes que son naturalmente dulces, como la canela, la nuez moscada o la vainilla, que pueden ser agregados a sus bebidas sin necesidad de preocuparse por las calorías.

- **Azúcar de coco**   Se obtiene a partir del néctar de las flores de la palma cocotera, por lo que contiene los mismos 16 aminoácidos que el coco; su sabor es acaramelado con un ligero toque a coco tostado. El poder endulzante y el aporte de carbohidratos y calorías es el mismo que el del azúcar refinada, pero a diferencia de ésta, es rica en vitaminas y minerales, como potasio, magnesio, zinc, hierro, vitamina C y vitaminas del complejo B.

- **Dátil**   Es el fruto de una palmera con una gran capacidad endulzante y muy energético. Un dátil aporta alrededor de 25 calorías, de las cuales más del 80% provienen de azúcares; por tanto, debe consumirse con moderación. El dátil es rico en fibra, en minerales como potasio, magnesio, cobre, y en vitaminas del complejo B. Generalmente esta fruta se vende deshidratada de manera comercial. Procure elegir dátiles secados al sol sin azúcares añadidos; si lo desea, puede remojarlos en un poco de agua caliente antes de utilizarlos para que se licuen más fácilmente.

- **Jarabe de agave**   Se obtiene de la salvia del corazón del agave. Es un edulcorante con un ligero sabor ahumado que ayuda a constituir una flora intestinal favorable y a absorber el magnesio y el calcio de otros alimentos. Contiene un poco de fibra, hierro, potasio, cobre y vitamina C. Una cucharada de jarabe de agave aporta 60 calorías aproximadamente; por tanto, debe ser consumido con moderación.

- **Jarabe de maple**   Este edulcorante se obtiene de la salvia del arce y tiene un sabor ligeramente ahumado. Es fuente de zinc y contiene varios compuestos polifenólicos con propiedades antioxidantes; también aporta potasio, magnesio, hierro, cobre, selenio y vitaminas del complejo B. Una cucharada de jarabe de agave tiene un aporte calórico similar al azúcar de mesa: 50 calorías aproximadamente. Es importante consumir jarabe de maple 100% natural, ya que existen versiones comerciales que se elaboran con jarabe de maíz a los que se les adiciona saborizantes y colorantes artificiales, los cuales no tienen ningún beneficio nutrimental.

- **Miel de abeja**   Producto del néctar que procesan las abejas. La miel de abeja es reconocida por sus propiedades medicinales: fortalece el sistema inmunológico y tiene propiedades antibacterianas, antimicóticas y alcalinizantes. Además, contiene en pequeñas cantidades vitamina B_2, hierro, calcio, potasio, fósforo y sodio. Sin embargo, para gozar de sus beneficios nutrimentales, es necesario que sea 100% natural, ya que actualmente se comercializan con el nombre de miel de abeja productos a los que se les incorpora jarabe de maíz o glucosa. Una cucharada de miel de abeja aporta poco más de 60 calorías; por tanto, debe ser consumida con moderación.

- **Piloncillo**   Se obtiene de la reducción de jugo de caña hasta obtener una melaza moldeable; tiene un sabor ahumado y acaramelado. El aporte calórico es el mismo que el del azúcar refinada, aunque tiene un poder endulzante un poco mayor. Aporta vitaminas del complejo B, hierro, cobre y magnesio. Para utilizarlo como edulcorante de jugos o smoothies, es mejor usarlo rallado o hacer un jarabe con una proporción de 2 partes de piloncillo por 1 parte de agua.

- **Stevia (hojas o extracto natural)**   Esta planta es un edulcorante natural que al ser consumido no aporta calorías y no altera los niveles de azúcar en la sangre. Tiene ciertas propiedades antiinflamatorias y antimicóticas. Lo más recomendable es utilizar las hojas: puede licuar 1 o 2 de ellas, frescas o secas, con el resto de los ingredientes del jugo o smoothie. En algunas tiendas naturistas o especializadas en productos orgánicos, podrá encontrar stevia en forma de extracto; si desea utilizarlo, asegúrese de que sea 100% natural y de que no esté combinado con otros ingredientes o químicos. El poder edulcorante de la stevia es muy superior al de azúcar de mesa o al de otros edulcorantes naturales, por lo que deberá añadirlo con moderación.

Nueces y semillas

Añadir nueces y semillas a los smoothies le ayudará a complementar su contenido nutrimental, ya que éstas aportan proteínas, grasas, minerales y vitaminas (E y complejo B); además permitirán disminuir el índice glicémico de la bebida. Las grasas que contienen estos alimentos le dan una textura suave y tersa a las bebidas, además de aportar múltiples beneficios a la salud: proveen ácidos grasos esenciales; favorecen la salud de la piel, el cabello, las uñas y los huesos; tienen propiedades antioxidantes; protegen al corazón; aportan vitaminas liposolubles, y son una buena fuente de energía de larga duración.

- **Ajonjolí** El ajonjolí es una semilla oleaginosa compuesta en un 50% de grasas, de las cuales el 80% son insaturadas. Es una buena fuente de proteínas de alto valor biológico y de minerales, como calcio, hierro, cobre, zinc, manganeso y fósforo. Tiene propiedades depurativas, antiinfecciosas y desacidificantes.

- **Almendra** Las almendras son ricas en grasas insaturadas y fitoesteroles que le otorgan efectos hipocolesterolémicos; es decir, que disminuyen los niveles de colesterol malo en la sangre. Además, las almendras son ricas en proteínas, dentro de ellas arginina, un aminoácido que protege al corazón del colesterol malo. Estas oleaginosas también son ricas en fibra soluble, la cual ayuda a regular el tránsito intestinal, y en antioxidantes dentro de los cuales destaca la vitamina E.

- **Cacahuate** Esta leguminosa es una excelente fuente de proteína de alto valor biológico, pues 1 cucharada aporta 2.5 gramos de ella. Es rica en fibra soluble y en grasas monoinsaturadas, dentro de las cuales destaca el ácido oleico, un tipo de omega-9 que reduce el riesgo de sufrir enfermedades cardiovasculares, ya que ayuda a disminuir los niveles de colesterol malo en la sangre; asimismo, reduce la hipertensión arterial. Los cacahuates tienen propiedades antioxidantes equiparables a las de algunas frutas. Son ricos en vitamina E, cobre, manganeso y en resveratrol; este último, un flavonoide que favorece la salud del corazón y tiene algunos efectos contra el cáncer.

- **Nuez** La nuez es una de las oleaginosas con mayor contenido en lípidos, de los cuales casi el 90% son grasas insaturadas, en específico omega-9 y omega-6; estas grasas buenas, en conjunto con fitoesteroles y fibra, tienen un efecto hipocolesterolémico, por lo que el consumo de nueces es de gran ayuda para la salud cardiovascular. Aportan también cobre, magnesio y zinc; este último participa favorablemente en los procesos metabólicos, hormonales, de cicatrización y de curación.

- **Nuez de la India** Como todas las oleaginosas, las nueces de la India aportan ácidos grasos monoinsaturados que fortalecen la salud cardiovascular. Asimismo, son una excelente fuente de cobre, mineral antioxidante que participa en una amplia gama de procesos fisiológicos, incluyendo la utilización del hierro; la eliminación de los radicales libres; el desarrollo de los huesos y tejido conectivo, y la producción de melanina. Es también buena fuente de magnesio, vital para la salud de los huesos y para regular el tono muscular.

- **Semilla de calabaza** Las semillas de calabaza aportan muy pocos carbohidratos, pero son ricas en lípidos y una buena fuente de proteínas y minerales: fósforo, magnesio, manganeso, cobre y zinc. Como la mayoría de las oleaginosas, las semillas de calabaza tienen propiedades antioxidantes, son ricas en minerales antioxidantes y en vitamina E, aunque de esta vitamina destaca la amplia variedad de formas en la que se presenta: alfa-tocoferol, gamma-tocoferol, delta-tocoferol, alfa-tocomonoenol y gamma-tocomonoenol. Las semillas de calabaza también tienen propiedades antimicóticas y antivirales.

- **Semilla de girasol** Aporta ácidos grasos monoinsaturados y proteína. Las semillas de girasol son una excelente fuente de vitamina E, compuesto liposoluble con propiedades antioxidantes que ayuda a proteger del daño de los radicales libres a las estructuras y las moléculas que contienen grasa, como las membranas celulares y las células del cerebro, además de prevenir la oxidación del colesterol, por lo que aunado a sus efectos antiinflamatorios, juega un papel importante en la prevención de la enfermedad cardiovascular. Las semillas de girasol también son ricas en cobre, en magnesio y en selenio, este último, un mineral desintoxicante que ayuda en la reparación del ADN y la síntesis de las células dañadas; asimismo, inhibe la proliferación de células cancerosas.

Otros alimentos

▮ **Germinados**   Los germinados son alimentos que se obtienen a partir de hacer germinar semillas; aunque cualquier semilla puede ser germinada, sólo algunas son destinadas a la alimentación. Los germinados más comunes cuyos sabores combinan bien con las mezclas de frutas y verduras de un smoothie son el de alfalfa, soya, lenteja, brócoli, cilantro, linaza, trigo, betabel y amaranto; aunque usted puede experimentar con el germinado de su preferencia. Los alimentos germinados contienen todos los elementos que una planta necesita para desarrollarse: enzimas, proteínas, vitaminas, minerales y antioxidantes con alta biodisponibilidad; por tanto, son un alimento con una gran cantidad de nutrientes y muy fáciles de digerir. Los germinados de granos, como soya, lenteja y chícharo, son una excelente fuente de proteínas vegetales. Además de su alto contenido de nutrientes, los germinados tienen propiedades diuréticas y desintoxicantes, ya que son ricos en clorofila, además de ser alimentos con un bajo aporte calórico. Los germinados obtenidos de semillas de leguminosas, como soya, lenteja y chícharo, son una muy buena fuente de proteínas de alto valor biológico. Una vez que las semillas germinadas se cortan, comienzan a oxidarse, así que procure consumir siempre germinados frescos para disfrutar de todos sus beneficios nutrimentales.

▮ **Leches vegetales**   Las leches vegetales son una rica y saludable alternativa al consumo de la leche de vaca: son libres de lactosa, por lo que no causan intolerancias; su contenido de grasas saturadas es mínimo, y son bajas en calorías. Las leches vegetales más comunes son la de soya, almendra, avena, coco y arroz; aunque se pueden obtener leches vegetales de cualquier oleaginosa: avellana, nuez de la India, pistache, semilla de girasol, ajonjolí, *hemp*, entre otras; o de otros cereales, como quinoa y amaranto, o una mezcla de cualquiera de los ingredientes anteriores. La composición nutrimental de cada leche varía dependiendo del ingrediente del que estén hechas. La mejor forma de consumirlas es elaborándolas de forma casera; sin embargo, esto puede resultar costoso y consumir algo de tiempo. Las leches vegetales comerciales pueden ser una excelente opción; generalmente están adicionadas con calcio, hierro y vitaminas A, D y B_{12}, por lo que son un complemento alimentario excelente. No obstante, se deben preferir aquellas con la menor cantidad de aditivos añadidos, pues algunas marcas añaden distintos tipos de edulcorantes, algunas veces refinados, que elevan el contenido energético de las bebidas, así como grasas y otras sustancias añadidas para mejorar la consistencia de las mismas, o saborizantes artificiales.

Jugos
y smoothies
FRUTALES

Los jugos y smoothies de esta sección se componen esencialmente de frutas. En general, tienen un sabor suave y dulce, y una textura tersa; estas características los convierten en una excelente opción para aquellas personas que se están iniciando en el mundo de los jugos y smoothies, pero también para quien gusta de los sabores dulces, por lo que a la mayoría de los niños les encantarán.

Las frutas son una excelente fuente de vitaminas (destacan la vitamina C y la provitamina A), minerales, antioxidantes y agua. Su sabor dulce proviene de su gran contenido en carbohidratos simples, azúcares y fibra, y en general no son una fuente importante de proteínas y grasas, con algunas excepciones. Por esta razón, es importante consumir los jugos y smoothies de esta sección de manera moderada y en las porciones indicadas. Una buena opción es pensar en ellos como una fuente saludable de energía y beberlos por la mañana en el desayuno o como refrigerio al medio día, o bien, antes de realizar una actividad física; evite consumirlos en la noche, ya que es fácil que las calorías se acumulen durante el sueño.

Las frutas son también una excelente fuente de fibra dietética, tanto soluble como insoluble. Ésta se encuentra en mayor concentración en la cáscara, aunque también la pulpa carnosa de las frutas es rica en fibra soluble, como la pectina. En la mayoría de las recetas encontrará que las frutas se procesan con cáscara y se recomienda que la bebida se tome sin colarla; de esta forma usted se beneficiará de todas las propiedades nutritivas que ofrecen las frutas. Asegúrese de utilizar futas previamente lavadas y desinfectadas, y no dude en utilizar frutas congeladas, la cuales además de proveer nutrientes, aportarán a la bebida una textura tersa y la harán más refrescante.

Los procedimientos de elaboración de las siguientes recetas indican cómo elaborarlas de manera sencilla en una licuadora o en un procesador de alimentos. Sin embargo, usted puede utilizar un extractor de jugos convencional siguiendo las instrucciones del fabricante. En este caso tiene que tomar en cuenta que algunas frutas no pueden ser procesadas fácilmente en este tipo de máquina, como los plátanos, el aguacate, el mamey, el mango o las moras, y que el producto final no tendrá fibra soluble (ver pág. 6).

Finalmente, recuerde que tanto los jugos como los smoothies deben ser consumidos de preferencia durante los primeros 20 minutos después de su elaboración (ver pág. 9); esto es trascendental en los jugos frutales para conservar sus beneficios antioxidantes.

BETACAROTENOS

Una porción de este jugo cumple con los requerimientos diarios de dos potentes agentes antioxidantes: las vitaminas A y C. También aporta vitamina E en menor cantidad.

**Ingredientes para
480 ml / 2 porciones**

½ taza de cubos de papaya
½ taza de cubos de mango
240 ml de jugo de naranja
120 ml de jugo de zanahoria

Licue todos los ingredientes hasta obtener una preparación homogénea y tersa. Sirva.

▌**120 calorías por porción.**
▌**Excelente fuente de vitaminas A y C.**
▌**Rico en vitaminas B$_6$, B$_9$, B$_1$ y K; cobre, potasio y magnesio.**

▌**C 11% | L 1% | P 2%**

Los carotenoides y flavonoides son los pigmentos antioxidantes responsables del color amarillo y naranja de estos cuatro ingredientes. Consumir alimentos ricos en carotenoides es importante, ya que éstos actúan como precursores de la vitamina A, es decir, ayudan a que el cuerpo la sintetice. Los flavonoides tienen propiedades antiinflamatorias y antihistamínicas; además, poseen gran capacidad para capturar radicales libres y evitar la oxidación del colesterol de baja densidad (el colesterol malo), lo cual ayuda a prevenir la formación de placas en las paredes celulares.

SHOT DE **CÍTRICOS**

Es recomendable beber este jugo recién exprimido, ya que la vitamina C es muy susceptible a la oxidación.

**Ingredientes para
55 ml / 1 porción**

¼ de cucharada de jugo de limón
1½ cucharadas de jugo de naranja
1 cucharada de jugo de mandarina
1 cucharada de jugo de toronja

Mezcle los jugos en un caballito o en un vaso pequeño. Sírvalo inmediatamente.

▎ **25 calorías por porción.**
▎ **Rico en vitamina C.**

▎ **C 2%**

Este shot *de cítricos aporta poco más de 20 miligramos de vitamina C, suficiente para cubrir, aproximadamente, una tercera parte del requerimiento promedio diario de una persona adulta. Esta combinación es ideal para comenzar la semana después de un fin de semana atareado; la vitamina C es un poderoso antioxidante que le ayudará a fortalecer su sistema inmunológico en general; además, esta vitamina ayuda indirectamente a reducir la fatiga al ser esencial para la absorción de hierro, el cual se encarga de transportar oxígeno hacia el cerebro y los músculos.*

El tiempo de permanencia de la vitamina C en la sangre es de 5 horas aproximadamente; por tanto, si desea cubrir el total de la recomendación diaria, o aumentarlo (lo cual conviene a personas fumadoras, por ejemplo), es una buena idea tomar 1 shot *tres veces al día.*

VITAMINA C

La guayaba es uno de los alimentos con mayor contenido de vitamina C, casi 3 veces más que la naranja. Si lo desea, puede realizar este jugo en un extractor; sin embargo, el aporte de fibra disminuirá considerablemente.

**Ingredientes para
240 ml / 1 porción**

2 guayabas cortadas por la mitad
180 ml de agua de coco
3 fresas cortadas por la mitad
¼ de taza de cubos de piña
½ cucharadita de canela molida

Licue las guayabas con la mitad del agua de coco hasta obtener un puré terso; páselo a través de un colador para retirar las semillas. Vierta en la licuadora el puré de guayaba y agregue el resto de los ingredientes; muélalos hasta obtener una preparación homogénea y tersa. Sirva.

▎ **145 calorías por porción.**
▎ **Excelente fuente de vitaminas C y A; manganeso, cobre, magnesio y potasio; fibra.**
▎ **Rico en vitaminas del complejo B (excepto B$_{12}$); fósforo y sodio.**

▎ **C 12%** | **L 1%** | **P 5%**

Beba este jugo en el desayuno o como refrigerio a media tarde; además del magnesio, las vitaminas C y A son micronutrientes con propiedades antioxidantes que protegerán su cuerpo de los radicales libres. Aunado a sus propiedades antioxidantes, este jugo es rico en fibra; una porción aporta hasta 10 gramos, suficiente para poner a trabajar a su aparato digestivo; además, el potasio y la energía que obtendrá del azúcar de las frutas le ayudarán a comenzar su día bien hidratado y con energía.

ARCOÍRIS

Preparar este smoothie con agua en lugar de té verde no mermará su capacidad antioxidante, pues la granada tiene hasta tres veces más poder antioxidante que el té verde; sin embargo, añadirlo lo potenciará y le aportará algunas vitaminas y minerales.

**Ingredientes para
480 ml / 2 porciones**

½ taza de granos de granada
240 ml de té verde frío
½ taza de uvas rojas sin semillas
½ durazno sin semilla, cortado en cubos
½ manzana verde descorazonada, cortada en cubos

Licue los granos de granada con la mitad del té verde y cuele para retirar las semillas. Vierta el jugo obtenido en la licuadora y agregue el resto de los ingredientes; muélalos hasta obtener una preparación homogénea y tersa. Sirva.

▌ **100 calorías por porción.**
▌ **Rico en vitaminas C y K; manganeso y cobre.**
▌ **C 10% | L 1% | P 1%**

Los pigmentos de frutas y verduras son compuestos de origen vegetal llamados fitoquímicos; entre ellos, encontramos a los polifenoles, que son responsables de la mayor actividad antioxidante de las frutas y las verduras, la cual consiste en ayudar a rejuvenecer las células de la piel; tienen propiedades antiinflamatorias y combaten la oxidación del colesterol de baja densidad. Están presentes en grandes concentraciones en algunos alimentos, como el té verde, el cacao, las frutas rojas y en el vino tinto. El color de las frutas y verduras es un indicativo de la combinación específica de nutrientes que contienen y de sus propiedades antioxidantes. Un consumo de alimentos con colores variados proporciona una equilibrada proporción de nutrientes. Así, con este jugo obtendrá en cada sorbo un poco de cada uno de los colores: blanco, amarillo y naranja, rojo, verde y morado.

BLANCO

Para elaborar esta receta puede utilizar la pulpa de guanábana sin congelar y agregar al jugo hielo al gusto. También puede sustituir la pulpa de la guanábana por la misma cantidad de pulpa de chirimoya.

**Ingredientes para
360 ml / 1 porción**

¾ de taza de cubos de manzana descorazonada
¼ de taza de pulpa de guanábana congelada
180 ml de jugo de jícama

Licue todos los ingredientes hasta obtener una preparación homogénea y tersa. Sirva.

▌ **100 calorías por porción.**
▌ **Excelente fuente de vitamina C; fibra.**

▌ **C 10% | P 1%**

La guanábana es una fruta tropical rica en vitamina C y vitaminas del complejo B (excepto B_{12}) y en minerales, como cobre, magnesio y potasio.

Dentro de la clasificación de frutas y verduras blancas se encuentran: el plátano, la manzana, la pera, la guanábana, la cebolla, la papa, la coliflor y la jícama, entre otras. Estos alimentos son carentes en colores brillantes más no en nutrientes; entre sus componentes están algunos flavonoides con propiedades antioxidantes y betaglucanos que activan el sistema inmunológico. Se ha comprobado su participación en la prevención de embolias y derrames cerebrales, así como en la reducción del riesgo de sufrir algunos tipos de cáncer.

NEGRO

**Ingredientes para
360 ml / 1 porción**

¼ de taza de pulpa de zapote negro
¼ de pera o manzana descorazonada, cortada en cubos
120 ml de jugo de mandarina

Licue todos los ingredientes hasta obtener una preparación homogénea y tersa. Sirva.

▌ **111 calorías por porción.**
▌ **Excelente fuente de vitamina C.**

▌ **C 11% | P 1%**

Betacarotenos y luteína son los pigmentos antioxidantes responsables del color característico del zapote negro. Incluir ambos en nuestra dieta, así como vitaminas A, C y E, es importante para mantener una salud visual correcta y prevenir ciertas enfermedades, como cataratas, fotofobia y degeneración macular. Los betacarotenos son pigmentos amarillos, anaranjados y rojos precursores de la vitamina A, cuya deficiencia puede causar sequedad en los ojos, mala visión nocturna, entre otras. La luteína es un pigmento color amarillo que junto con la zeaxantina ayudan a evitar la formación de radicales libres y de moléculas oxidativas que dañan las membranas de las células de los tejidos oculares; así, protegen a la mácula (el centro de la retina) y al cristalino de la acción oxidante de la luz; además de prevenir la formación de cataratas.

SANDÍA **PICOSITA**

Las tres frutas que componen esta bebida son opciones excelentes para consumir durante una dieta en la que se quiera perder peso, ya que su aporte calórico es muy bajo.

**Ingredientes para
480 ml / 2 porciones**

1¼ tazas de cubos de sandía
1¼ tazas de cubos de melón
120 ml de jugo de toronja
¼ de cucharadita de chile de árbol seco o piquín, o al gusto

Licue todos los ingredientes hasta obtener una preparación homogénea. Sirva.

▌**96 calorías por porción.**
▌**Excelente fuente de vitaminas C y A.**
▌**Rico en vitaminas B$_5$ y B$_6$; cobre, potasio y manganeso.**

▌**C 9% | P 1%**

Cerca del 90% del peso de la sandía y del melón es agua, de ahí que su aporte calórico sea tan bajo; por si fuera poco, también tienen un efecto de saciedad que evita comer en exceso. Por su parte, la toronja ayuda a mejorar la digestión y estimula las funciones del hígado y la glándula biliar que se encargan de metabolizar las grasas.

La capsaicina es un alcaloide natural responsable del sabor picante en los chiles, cuyo consumo tiene varios beneficios en el organismo: es un componente con propiedades antiinflamatorias y antioxidantes, sirve también como energético natural, y ayuda a reducir el apetito y a combatir la acumulación de grasa. Algunos estudios sugieren que la capsaicina fomenta la disminución de la grelina, una hormona gastrointestinal que estimula el apetito; además, activa ciertas proteínas encargadas de descomponer la grasa e inhibe la acción de aquellas implicadas en la producción de la misma.

FRUTAS SIN CULPAS

FRUTAS SIN
CULPAS

Las fresas, los duraznos y el melón verde son frutas con un sabor dulce delicado y muy perfumado, que en combinación con la menta crean un jugo refrescante.

Ingredientes para
240 ml / 1 porción

240 ml de agua hirviendo
3 ramas de menta
hojas de stevia al gusto
4 fresas cortadas por la mitad
¼ de taza de cubos de melón verde
½ durazno sin semilla, cortado en cubos
cubos de hielo, al gusto (opcional)

Agregue al agua hirviendo las ramas de menta y las hojas de stevia. Déjela enfriar por completo y cuélela.

Licue las frutas con la infusión de menta y stevia hasta obtener una mezcla homogénea y sin grumos. Sirva el jugo y agregue hielo al gusto.

❚ **62 calorías por porción.**
❚ **Excelente fuente de vitamina C.**
❚ **Rico en vitamina A; manganeso y cobre.**

❚ **C 6%** ❘ **P 1%**

Las tres frutas que conforman este jugo tienen pocas concentraciones de azúcar: cada una aporta menos de 10 gramos de carbohidratos por cada 100 gramos de fruta.

ESBELTA
FRAMBUESA

Ingredientes para
240 ml / 1 porción

¼ de taza de jitomate picado
½ taza de cubos de pepino
½ taza de frambuesas frescas o ⅓ de taza congeladas
el jugo de ½ limón
60 ml de agua

Licue todos los ingredientes hasta obtener una preparación homogénea. Sirva.

❚ **53 calorías por porción.**
❚ **Excelente fuente de vitaminas C, A y K; manganeso.**
❚ **Rico en cobre y magnesio; fibra.**

❚ **C 5%** ❘ **L 1%** ❘ **P 2%**

Este jugo es una excelente opción para tomar como refrigerio en un día caluroso. Por un lado, el jitomate y el pepino son frutas muy hidratantes debido a su gran contenido de agua; además, tienen un bajo aporte calórico, por lo que una porción de este jugo le proporciona muy pocas calorías. Es también una buena fuente de fibra que le ayudará a controlar su apetito por más tiempo.

Las propiedades antioxidantes de las vitaminas C y A y del licopeno (pigmento responsable del color rojo del jitomate y las frambuesas) le ayudarán a mantener su piel sana e hidratada.

EQUILIBRIO

Puede consumir este jugo a medio día como un refrigerio completo y refrescante. La leche de soya fortificada aporta vitaminas B$_{12}$ y D.

**Ingredientes para
240 ml / 1 porción**

120 ml de jugo de mandarina
60 ml de agua de coco
60 ml de leche de soya
1 cucharadita de semillas de chía

Mezcle todos los ingredientes y sirva.

▌ **100 calorías por porción.**
▌ **Excelente fuente de vitaminas C, B$_{12}$ y K.**
▌ **Rico en vitaminas A, B$_2$ D, B$_6$ y B$_1$; magnesio, manganeso, cobre, calcio, fósforo y potasio.**

▌ **C 7% | L 4% | P 3%**

Refrescante y ligera, esta deliciosa bebida es nutrimentalmente equilibrada. La leche de soya y la chía le aportan una buena cantidad de proteínas vegetales; el jugo de mandarina es fuente de carbohidratos y vitamina C; finalmente, las semillas de chía aportan grasas insaturadas y que junto con el agua de coco, contribuyen con minerales y fibra.

ENERGÍA **MINERAL**

Puede utilizar plátano fresco para preparar este smoothie y licuarlo o servirlo con cubos de hielo al gusto.

**Ingredientes para
480 ml / 2 porciones**

¼ de taza de rodajas de plátano congeladas
3 higos partidos por la mitad
360 ml de agua de coco
½ cucharadita de canela molida
¼ de cucharadita de extracto de vainilla

Licue todos los ingredientes hasta obtener una preparación homogénea. Sirva.

▌ **110 calorías por porción.**
▌ **Excelente fuente de magnesio y manganeso; fibra.**
▌ **Rico en vitaminas B$_6$, B$_2$, B$_1$ y C; cobre, potasio y sodio.**

▌ **C 10% | L 1% | P 2%**

El plátano es un alimento muy rico en carbohidratos naturales que llenan al cuerpo de energía. Es también rico en potasio, mineral que ayuda al movimiento de los músculos y convierte los carbohidratos en energía.

El agua de coco es rica en minerales: potasio, magnesio, manganeso, sodio y calcio, los cuales ayudan en el balance de electrolitos para mantenernos hidratados, además de ayudar a relajar los músculos, y a evitar calambres musculares y dolor en las articulaciones.

El higo y la canela son buenas fuentes vegetarianas de hierro, mineral requerido para transportar oxígeno y energía a las células, lo cual permite al cuerpo mantenerse en movimiento.

ENERGÍA **VERDE**

**Ingredientes para
300 ml / 1 porción**

3 cucharadas de pulpa de aguacate

¼ de taza de cubos de pera

½ taza de uvas verdes sin semillas

120 ml de agua

1 rodaja de jengibre fresco de ½ cm de grosor
    o ¼ de cucharadita de jengibre en polvo

½ cucharada de jarabe de agave

Licue todos los ingredientes hasta obtener una preparación homogénea y tersa. Sirva.

▎ **178 calorías por porción.**
▎ **Excelente fuente de vitamina K; cobre; fibra.**
▎ **Rico en vitaminas B$_6$, B$_5$, B$_2$, B$_9$ y C; potasio.**

▎ **C 13% | L 10% | P 2%**

El aguacate es una fruta rica en ácidos grasos esenciales, en específico monoinsaturados, y en menor medida de omega-6 y omega-3. Estas grasas son una excelente fuente de energía saludable y resultan benéficas para prevenir enfermedades cardiovasculares. Además es buena fuente de vitaminas pertenecientes al complejo B, las cuales participan en la metabolización de grasas, proteínas y carbohidratos; es decir, que los convierte en energía a nivel celular.

Los carbohidratos de la pera, además de aportar un dulce sabor, son una buena fuente de energía natural. Las uvas por su parte, son ricas en minerales que ayudan a equilibrar la acidez del cuerpo y a restaurar los electrolitos, cuya función es permitir la comunicación entre las células exhaustas durante el ejercicio.

HUESOS **FUERTES**

Un smoothie ideal para deportistas y niños. Puede utilizar pulpa de mamey sin congelar y licuar o servir el jugo con cubos de hielo al gusto.

**Ingredientes para
360 ml/ 1 porción**

¼ de taza de pulpa de mamey congelada

3 fresas cortadas por la mitad

240 ml de leche de almendra

¼ de cucharadita de semillas de cardamomo

1 cucharadita de *nibs* de cacao

Licue todos los ingredientes hasta obtener una preparación homogénea y tersa. Sirva.

▎ **130 calorías por porción.**
▎ **Excelente fuente de vitaminas E, D, C, B$_6$ y A; manganeso y calcio.**
▎ **Rico en vitamina B$_2$; cobre, sodio y potasio; fibra.**

▎ **C 8% | L 8% | P 3%**

El mamey es una fruta muy energética debido a su alto contenido en carbohidratos; es también rica en calcio, magnesio y potasio. Por su parte, la leche de almendra aporta calcio y vitamina D, la cual es necesaria para una óptima absorción del calcio. Con este smoothie obtendrá energía por un largo periodo para realizar cualquier actividad física; el calcio y la vitamina D le ayudarán a mantener sus huesos fuertes y a evitar agotamiento de los músculos; el magnesio permitirá el transporte del calcio hacia los huesos, y el potasio mantendrá su cuerpo hidratado.

PAY DE **LIMÓN**

A los niños les encantará este smoothie; tiene una consistencia tersa, un sabor ligeramente ácido y es muy refrescante. Si lo desea, puede utilizar plátano fresco y licuar o servir el smoothie con cubos de hielo al gusto.

**Ingredientes para
360 ml / 2 porciones**

1 taza de cubos de pera
½ plátano congelado
2 cucharadas de coco fresco o deshidratado, rallado
360 ml de leche de coco
la ralladura y el jugo de 2 limones + c/s de ralladura para decorar
2 galletas de vainilla troceadas

Licue las frutas con la leche de coco, la ralladura y el jugo de limón hasta obtener una preparación homogénea y tersa. Sirva y decore con las galletas troceadas y un poco de ralladura de limón.

▌ **200 calorías por porción.**
▌ **Excelente fuente de vitaminas B$_{12}$ y D; manganeso y cobre; fibra.**
▌ **Rico en vitaminas A, C y B$_9$; zinc, magnesio, selenio y calcio.**

▌ **C 11% | L 17% | P 2%**

La vitamina B$_{12}$ es la única que no se encuentra de manera natural en ningún alimento de origen vegetal, con excepción de las algas (aunque ésta no es aprovechable por el organismo); esta bebida es una excelente fuente de esta vitamina gracias a la leche de coco fortificada.

Este smoothie es una opción ideal para proveer al organismo de energía saludable. Por un lado, la pera y el plátano son buenas fuentes de carbohidratos y de fibra que ayudan a liberar gradualmente la energía. Por otro lado, la cobalamina o vitamina B$_{12}$ es indispensable para las funciones metabólicas del organismo, y por tanto, para la liberación de energía, pero también para ayudar a mantener las reservas de energía en los músculos. Otra de las funciones de esta vitamina es que interviene en la formación de glóbulos rojos y en la síntesis de hemoglobina, el pigmento que transporta el oxígeno en la sangre; tener músculos y un cerebro bien oxigenados se traduce en un mayor rendimiento.

SÚPER **FIBRA**

Recuerde que al conservar la cáscara de las frutas para preparar smoothies la concentración de fibra es mayor.

**Ingredientes para
300 ml / 1 porción**

¾ de taza de mezcla de frutas rojas congeladas
300 ml de té verde frío
¼ de taza de cubos de pera o manzana
1 cucharada de linaza

Licue las frutas rojas con la mitad del té verde y cuele para retirar todas las semillas. Vierta el jugo obtenido en la licuadora y agregue el resto de los ingredientes; muélalos hasta obtener una preparación homogénea y tersa. Sirva.

▌ **140 calorías por porción.**
▌ **Excelente fuente de manganeso y cobre; fibra y omega-3.**

▌ **C 11% | L 5% | P 2%**

Las frutas rojas y las semillas de linaza son una excelente fuente de fibra soluble, la cual disminuye la velocidad de absorción de los carbohidratos, ayuda a estabilizar los niveles de azúcar en la sangre y evita el estreñimiento.

La pectina es un tipo de fibra soluble que se encuentra de manera natural en todas las frutas y las verduras. Pera, manzana y durazno contienen grandes concentraciones de pectina, la cual ayuda a incrementar la flora bacteriana intestinal y, por tanto, ayuda al buen funcionamiento del sistema digestivo.

ANTIESTREÑIMIENTO

**Ingredientes para
360 ml / 1 porción**

½ taza de cubos de papaya
½ manzana descorazonada, cortada en cubos
80 ml de jugo de zanahoria
100 ml de agua

Licue todos los ingredientes hasta obtener una preparación homogénea. Sirva.

▌ **135 calorías por porción.**
▌ **Excelente fuente de vitaminas A, C y B$_6$; fibra.**
▌ **Rico en vitamina K; magnesio, cobre y potasio.**

▌ **C 13% | L 1% | P 1%**

La papaya ayuda a regular el sistema digestivo y el tráfico en el intestino, además de apoyar la peristalsis (contracciones musculares que hacen pasar a los alimentos a través de tracto digestivo). La papaína es una enzima digestiva presente en la papaya que ayuda a romper los enlaces de las proteínas, facilitando su digestión.

La manzana es rica en sorbitol y pectina, ambos laxantes naturales. Por su parte, la zanahoria estimula la producción de jugos gástricos, apoyando la peristalsis y facilitando el movimiento de los desechos a través del intestino.

FRUTAS
DEPURATIVAS

Puede agregar una ciruela pasa o un dátil en caso de que las frutas no estén muy dulces.

**Ingredientes para
480 ml / 2 porciones**

2 ciruelas sin semilla

4 higos partidos por la mitad

6 chabacanos deshidratados

360 ml de agua

½ cucharadita de semillas de cardamomo

Licue todos los ingredientes hasta obtener una preparación homogénea. Sirva.

▌ **130 calorías por porción.**

▌ **Excelente fuente de vitamina A.**

▌ **Rico en vitaminas C, B_6 y K; cobre, manganeso y potasio; fibra.**

▌ **C 13% | L 1% | P 2%**

Los chabacanos son muy ricos en fibra; también, ayudan a prevenir el estreñimiento y disminuir el riesgo de sufrir irritación y cáncer de colon.

La ciruela y el higo son frutas ricas en fibra soluble e insoluble, además de contener otros componentes laxantes naturales que facilitan el tránsito intestinal; la primera contiene sorbitol (azúcar) y el higo, mucina (proteína).

El cardamomo, además de perfumar esta bebida con su aroma fragante, estimula la actividad de la tripsina, una enzima esencial para la digestión.

DIGESTIVO
NATURAL

**Ingredientes para
240 ml / 1 porción**

⅓ de taza de cubos de tuna verde o roja pelada

120 ml de agua

½ taza de cubos de piña

½ taza de cubos de manzana

Licue la tuna con la mitad del agua y cuele para retirar las semillas. Vierta el jugo obtenido en la licuadora y agregue el resto de los ingredientes; muélalos hasta obtener una preparación homogénea y tersa. Sirva

---

▌ **100 calorías por porción.**

▌ **Excelente fuente de vitaminas K, C y E; manganeso, magnesio y cobre; fibra.**

▌ **Rico en vitaminas del complejo B (excepto B_{12}); potasio.**

▌ **C 9% | L 1% | P 1%**

La tuna tiene cualidades laxantes, astringentes y alcalinizantes, por lo cual puede resultar útil en casos de úlceras gástricas y estreñimiento, entre otros tipos de afecciones intestinales.

La bromelina es una enzima digestiva que se encuentra en la piña (en mayor concentración en el tallo). Tiene efectos antiinflamatorios cuando se consume con el estómago vacío, por lo que puede ayudar a resolver problemas de flatulencia y de digestión lenta. Por el contrario, cuando se ingiere con otros alimentos ayuda en la metabolización de las moléculas de proteína y a mejorar la asimilación de los aminoácidos.

LIMPIEZA REFRESCANTE

MANGUITO DETOX

LIMPIEZA REFRESCANTE

**Ingredientes para
240 ml / 1 porción**

¼ de taza de cubos de piña
¼ de taza de cubos de melón
½ taza de cubos de pepino
60 ml de jugo de toronja
120 ml de clorofila líquida concentrada

Licue todos los ingredientes hasta obtener una mezcla homogénea. Cuele y sirva.

▌ **70 calorías por porción.**
▌ **Excelente fuente de vitamina C; manganeso.**
▌ **Rico en vitaminas A, B$_6$; cobre.**

▌ **C 7% | P 1%**

Estas cuatro frutas son sumamente antioxidantes, desintoxicantes, diuréticas, bajas en calorías e hidratantes. Este jugo es ideal para beber durante una dieta en la que se quiera perder peso, o como un desayuno ligero y refrescante.

PERA, MANZANA Y JENGIBRE

**Ingredientes para
360 ml / 1 porción**

½ taza de cubos de pera
½ taza de cubos de manzana
½ taza de cubos de pepino
60 ml de agua
1 cucharada de jugo de limón
½ cucharadita de jengibre fresco
    rallado o ¼ de cucharadita
    en polvo

Licue todos los ingredientes hasta obtener una mezcla homogénea. Sirva.

▌ **90 calorías por porción.**
▌ **Excelente fuente de vitamina C; cobre; fibra.**

▌ **C 9% | P 1%**

Rico en vitamina C, pectina, quercitina y limonelo, el limón tiene propiedades antioxidantes y estimula la desintoxicación y la digestión. Por un lado, estimula la secreción de enzimas y ayuda a convertir toxinas a un estado soluble en agua, lo cual ayuda al organismo a excretarlas. Asimismo, el jugo del limón es sumamente alcalinizante al entrar en contacto con las enzimas del aparato digestivo; esto ayuda a equilibrar el pH del organismo.

La pera y la manzana son ricas en pectina y en fibra insoluble que ayudan a eliminar toxinas del organismo.

MANGUITO DETOX

**Ingredientes para
360 ml / 1 porción**

¾ de taza de pulpa de mango
el jugo de ½ limón
180 ml de té verde frío
½ cucharadita de jengibre fresco
    rallado

Licue todos los ingredientes hasta obtener una mezcla homogénea. Sirva.

▌ **80 calorías por porción.**
▌ **Excelente fuente de vitaminas C y A; manganeso y cobre.**
▌ **Rico en vitaminas B$_9$, B$_6$ y E; fibra.**

▌ **C 8% | P 1%**

El mango es una fruta antioxidante que, junto con el jengibre, ayuda al hígado en el proceso de neutralizar y remover toxinas del cuerpo, así como a limpiarse a sí mismo.

El mango y el limón aportan una gran cantidad de vitamina C, necesaria al organismo para producir glutatión. El glutatión es una molécula de proteína responsable del buen funcionamiento del sistema inmunológico, el cual protege al organismo de microorganismos, además de permitir la eliminación de toxinas, entre ellas residuos de medicamentos, contaminantes químicos medioambientales, toxinas cancerígenas y daños causados por radiación.

Jugos y smoothies VERDES

Un jugo o smoothie verde se compone generalmente de 60% fruta y 40% verduras verdes; sin embargo, estas proporciones pueden variar en función de los gustos y preferencias individuales. Se elaboran con frutas y verduras crudas, aunque en ocasiones específicas se pueden incluir algunas verduras blanqueadas para aumentar el contenido de algún nutriente en particular; por ejemplo, las espinacas cocidas al vapor tienen una mayor concentración de vitamina B_2, hierro y potasio; también puede blanquear las verduras cuyo sabor le parezca muy fuerte o desagradable. Los jugos o smoothies verdes normalmente se preparan con agua o jugos de frutas, sin lácteos como yogur o leche de vaca; como alternativa al agua se pueden utilizar leches de origen vegetal; para aumentar o complementar su aporte nutrimental se les pueden agregar semillas, granos, proteínas en polvo, entre otros ingredientes. En la mayoría de los casos estas bebidas son dulces por el azúcar que aportan naturalmente las frutas; no obstante, si usted desea una bebida más dulce, no dude en agregar el edulcorante natural de su preferencia (ver pág. 20).

Los principales beneficios de consumir jugos y smoothies verdes es que:

- son una fuente de energía natural;
- activan y apoyan al sistema inmunológico;
- tienen propiedades antioxidantes,
- y son fáciles y muy rápidos de elaborar.

Las verduras y las frutas son alimentos ricos en vitaminas y minerales; en el caso de los jugos de esta sección, las hortalizas de hoja verde, especialmente las oscuras, como espinaca, *kale* y acelga, tienen un papel esencial. Las hojas verdes contienen además de vitaminas y minerales, aminoácidos, antioxidantes y fitonutrientes; estos últimos son químicos naturales que benefician el funcionamiento del sistema inmunológico, mejoran la salud y reducen el riesgo de sufrir enfermedades.

Si usted es un consumidor regular de jugos o smoothies verdes, es importante que procure rotar el tipo de hoja verde que utilice; estas plantas contienen siempre una pequeña cantidad de toxinas llamadas alcaloides, que utilizan como defensa de depredadores y de otras plantas en el mundo biológico. Cuando consumimos dichas toxinas durante un largo periodo de tiempo pueden alojarse en el organismo y provocar ciertos malestares (dependiendo de la sensibilidad de la persona que las consuma), como náusea, vómito, dolores de cabeza, hipertensión, depresión y ansiedad; cabe mencionar que para que ocurra una intoxicación por alcaloides, se deben consumir en muy grandes cantidades.

DURAZNITO

**Ingredientes para
360 ml / 1 porción**

¼ de taza de hojas de lechuga troceadas
¼ de taza de cilantro
¼ de taza de berro
80 ml de agua
1 durazno sin semilla, cortado en cubos
¾ de taza de cubos de sandía
¼ de taza de cubos de bulbo de hinojo
1 pizca de chile en polvo

Licue la lechuga con el cilantro, el berro y el agua hasta obtener una mezcla homogénea. Añada el resto de los ingredientes y procese nuevamente hasta que obtenga un smoothie terso. Sirva.

❚ 100 calorías por porción.
❚ Excelente fuente de vitaminas A, K y C; cobre.
❚ Rico en vitaminas del complejo B (excepto B$_{12}$) y vitamina E; magnesio, potasio y manganeso; fibra.

❚ C 10% | L 1% | P 3%

El durazno y la sandía son frutas muy refrescantes, depurativas y digestivas. El durazno es recomendable consumirlo con cáscara para beneficiarse de su contenido de fibra. La sandía, al ser rica en electrolitos, ayuda a mantener hidratado al organismo.

El cilantro y el hinojo aportan un sabor refrescante y herbal que contrasta de maravilla con el sabor dulce y perfumado de las frutas, y además, favorecen la digestión. En medicina natural ambos se utilizan por sus propiedades vermífugas y carminativas (que permiten liberar gases); los antioxidantes del cilantro tienen propiedades antibacterianas y el hinojo es diurético.

SUAVE **TUNA**

**Ingredientes para
360 ml / 1 porción**

⅓ de taza de cubos de tuna pelada
120 ml de agua
¼ de taza de perejil
¼ de taza de alfalfa
½ taza de cubos de piña
1 rama de apio de 5 cm
1 cucharada de linaza

Licue los cubos de tuna con el agua y cuele para retirar todas las semillas. Vierta el jugo de tuna en la licuadora y agregue el perejil y la alfalfa; licue hasta obtener una mezcla homogénea. Finalmente, agregue los cubos de piña, la rama de apio y la linaza y procese nuevamente hasta obtener una mezcla homogénea.

▮ **112 calorías por porción.**
▮ **Excelente fuente de vitaminas K, C, A y E; manganeso, magnesio y cobre; fibra y omega-3.**
▮ **Rico en vitaminas del complejo B (excepto B$_{12}$); hierro, fósforo, calcio, zinc y potasio.**

▮ **C 8% | L 6% | P 3%**

La fibra y la pectina presentes en la tuna son útiles para la digestión y para disminuir la absorción de azúcar en el estómago y los intestinos, lo cual permite reducir los niveles de glucosa en la sangre. El magnesio y el potasio, presentes también en la tuna, tienen un rol importante en la activación de enzimas que regulan las funciones del organismo, además de contribuir en la metabolización de carbohidratos, proteínas y grasas para convertirlos en energía. En medicina tradicional, la tuna y el nopal son reconocidos por sus propiedades laxantes y alcalinizantes. Otra de las propiedades de este fruto es como protector del hígado ante la oxidación.

DIGESTIVO
TROPICAL

Ingredientes para
360 ml / 1 porción

2 cucharadas de coco fresco, rallado o picado

240 ml de agua

¼ de taza de hojas de arúgula troceadas

½ taza de hojas de lechuga troceadas

¼ de taza de cubos de mango

½ taza de cubos de piña o ½ kiwi sin cáscara

1 rodaja de cúrcuma fresca de ½ cm de grosor o ¼ de
cucharadita en polvo

Licue el coco fresco con el agua, la arúgula y la lechuga
hasta obtener una mezcla homogénea. Añada el resto
de los ingredientes y procese nuevamente hasta que
obtenga un smoothie terso. Sirva.

▌ **117 calorías por porción.**

▌ **Excelente fuente de vitaminas C, A y K; manganeso
y cobre.**

▌ **Rico en vitaminas B_9, B_6 y B_1; fibra.**

▌ **C 9% | L 6% | P 2%**

*La cúrcuma es una especia con propiedades antiinfla-
matorias y digestivas. Estimula las secreciones digestivas, las cuales contienen las distintas enzimas que
el organismo necesita para romper los enlaces de los
alimentos en moléculas que el cuerpo puede digerir
y absorber, además de ayudar a expulsar los gases
intestinales.*

ANTIINFLAMATORIO

Ingredientes para
360 ml / 2 porciones

¼ de taza de puré de camote naranja

180 ml de jugo de pepino

120 ml de jugo de zanahoria

1 rodaja de cúrcuma de 1 cm de grosor o 1 cucharadita en
polvo

Licue todos los ingredientes hasta obtener una preparación homogénea. Sirva.

▌ **68 calorías por porción.**

▌ **Excelente fuente de vitamina A; manganeso.**

▌ **Rico en vitaminas B_6, C, y B_1; cobre, hierro y magnesio.**

▌ **C 6% | P 2%**

*El camote es un buen antioxidante y antiinflamatorio,
con un sabor dulce y una textura suave cuando está co-
cido. El color de su piel y su pulpa es un indicio del tipo
de antioxidante que contiene; en este caso, se trata de
betacarotenos. La fibra y el magnesio del camote estimulan una buena digestión. Por otro lado los almidones presentes en este tubérculo son fáciles de digerir
y ayudan a aliviar el estómago y los intestinos.*

DIGESTIVO TROPICAL

KIWI Y **PISTACHE**

Ingredientes para
240 ml / 1 porción

⅓ de taza de hojas de espinaca blanqueadas
160 ml de agua de coco
5 pistaches
½ kiwi pelado
2 chabacanos deshidratados
½ cucharada de espirulina en polvo o ½ cucharadita de espirulina fresca
1 cucharadita de jarabe de agave (opcional)

Licue las hojas de espinaca con el agua de coco y los pistaches hasta obtener una mezcla homogénea. Añada el resto de los ingredientes y procese nuevamente hasta que obtenga un smoothie terso. Sirva.

───────────

▌ **130 calorías por porción.**
▌ **Excelente fuente de vitaminas K, A, C, B_2, B_9, B_6 y B_1; cobre, manganeso, magnesio, hierro y potasio; proteína vegetal y fibra.**
▌ **Rico en vitamina E; potasio, sodio, calcio y fósforo.**

▌ **C 10% | L 4% | P 6%**

Este smoothie aporta cobre y hierro, ambos minerales responsables de la formación de glóbulos rojos en la sangre; además, el hierro transporta oxígeno al cerebro y el cobre le ayuda en sus funciones. El kiwi y la espinaca son excelentes fuentes de vitamina C, la cual ayuda al organismo a absorber el hierro. Este smoothie aporta vitamina A, que en conjunto con la C, son poderosos antioxidantes que protegen del daño de los radicales libres y fortalecen el sistema inmunológico.

SÚPER CALCIO

Una porción de este smoothie 100% vegetariano y libre de lácteos aporta aproximadamente 150 miligramos de calcio. Puede agregar un poco de leche de almendra sin azúcar para aumentar el contenido de calcio sin elevar el aporte energético.

Ingredientes para
480 ml / 2 porciones

1 taza de acelgas cocidas
¼ de taza de berros o de hojas de arúgula
300 ml de agua
½ taza de germinado de alfalfa
¼ de taza de floretes de brócoli
4 higos partidos por la mitad
2 dátiles sin semilla
1 cucharada de ajonjolí

Licue la acelga con el berro o la arúgula y el agua hasta obtener una mezcla homogénea. Añada el resto de los ingredientes y procese nuevamente hasta que obtenga un smoothie terso. Sirva.

▎ **190 calorías por porción.**
▎ **Excelente fuente de vitaminas A, K, C y B$_6$; cobre, manganeso y magnesio; fibra.**
▎ **Rico en vitaminas B$_5$, B$_1$ y B$_2$; hierro, calcio, fósforo, potasio y zinc.**

▎ **C 17% | L 4% | P 4%**

El ajonjolí es una semilla muy nutritiva que aporta a las bebidas un delicioso sabor a nuez; además es increíblemente rico en minerales, como cobre, calcio y manganeso. Contiene ácidos grasos esenciales, que junto con el cobre apoyan la salud del cerebro.

La arúgula, las acelgas, los berros y el kale son hortalizas con un contenido de calcio muy elevado.

PROTEÍNAS **VERDES**

Ingredientes para
480 ml/ 2 porciones

3 guayabas partidas por la mitad
240 ml de agua
½ taza de hojas de *kale* troceadas
⅔ de taza de hojas de espinaca troceadas
160 ml de jugo de naranja
3 ciruelas pasa
6 almendras
2 cucharadas de *chlorella* en polvo

Licue las guayabas con un poco del agua hasta obtener un puré. Páselo a través de una coladera de malla fina.

Licue las hojas de *kale* y la espinaca con el resto del agua hasta obtener una mezcla homogénea. Agregue a la licuadora el puré de guayaba y el resto de los ingredientes y procese nuevamente hasta que obtenga un smoothie terso. Sirva.

▎ **180 calorías por porción.**
▎ **Excelente fuente de vitaminas C, A, K y complejo B (excepto B$_{12}$); zinc, hierro, cobre, manganeso y magnesio; fibra.**
▎ **Rico en vitamina E; potasio y fósforo; proteína vegetal.**

▎ **C 13% | L 6% | P 8%**

El kale, la espirulina y las almendras son excelentes fuentes de proteína vegetal, pues cada una contiene al menos los 8 aminoácidos esenciales. Además, la almendra es una muy buena fuente de arginina, aminoácido esencial para los niños, bastante escaso en el reino vegetal.

Puede sustituir la chlorella por la misma cantidad de espirulina; obtendrá la misma cantidad de proteínas, aunque la proporción en el aporte de minerales y vitaminas se modificará un poco.

ANTIRRESACA

**Ingredientes para
360 ml / 1 porción**

⅓ de taza de perejil
⅓ de taza de cilantro
⅓ de taza de berros
120 ml de jugo de zanahoria
1 taza de cubos de jitomate
1 rama de apio de 5 cm
1 pizca de clavo molido
1 pizca de pimienta molida
el jugo de 1 limón
sal y chile en polvo, al gusto

Licue el perejil, el cilantro y los berros con el jugo de zanahoria hasta obtener una mezcla homogénea. Añada el resto de los ingredientes y procese nuevamente hasta que obtenga una bebida tersa. Cuele y sirva.

❙ **100 calorías por porción.**
❙ **Excelente fuente de vitaminas A, K, C y B_6; manganeso, cobre y potasio.**
❙ **Rico en vitaminas del complejo B (excepto B_{12}) y vitamina E; magnesio, fósforo, sodio, hierro, calcio y zinc.**

❙ **C 9%** ❙ **L 1%** ❙ **P 4%**

Esta bebida es ideal para aliviar los malestares de una resaca. El potasio y el fósforo ayudarán al organismo a equilibrar los electrolitos y a recuperarse rápido de la deshidratación. Los carbohidratos que aportan el jitomate y el jugo de zanahoria le proporcionarán energía de lenta liberación. Las vitaminas del complejo B le permitirán metabolizar el alcohol para eliminarlo más rápido de la sangre. Finalmente, las vitaminas C, A y E, que son potentes antioxidantes, servirán para contrarrestar los efectos de los radicales libres propagados en el cuerpo a través del alcohol; por su parte, la vitamina C ayudará a neutralizar los efectos de algunos bioproductos del alcohol.

EQUILIBRIO **ENERGÉTICO**

**Ingredientes para
240 ml / 1 porción**

¼ de taza de alfalfa
½ taza de hojas de espinaca troceadas
2 cucharadas de hojas de menta
180 ml de agua
½ kiwi pelado
2 cucharadas de aguacate
¼ de taza de cubos de pera
1 cucharada de proteína de *hemp*

Licue la alfalfa con las hojas de espinaca y de menta y el agua hasta obtener una mezcla homogénea. Añada el resto de los ingredientes y procese nuevamente hasta que obtenga un smoothie terso. Sirva.

❙ **125 calorías por porción.**
❙ **Excelente fuente de vitaminas K, A y C; magnesio, zinc y hierro; fibra y proteína vegetal.**
❙ **Rico en vitaminas B_9, B_5 y B_6; cobre, manganeso y potasio; omega-3.**

❙ **C 7%** ❙ **L 9%** ❙ **P 7%**

El kiwi es una de las frutas con mayor cantidad de vitamina C y es rica en minerales, como cobre, potasio, manganeso y magnesio, los cuales ayudan a equilibrar los electrolitos en el organismo y a regular el metabolismo a nivel celular para producir energía.

El aguacate es una excelente fuente de ácidos grasos esenciales; entre sus múltiples beneficios, ayuda a mejorar la absorción de los antioxidantes presentes en este smoothie y de las vitaminas liposolubles. También es una buena fuente de vitaminas B_5 y B_6, las cuales ayudan en la metabolización de proteínas y lípidos a nivel celular para producir energía.

ROJO

Este smoothie lo tiene todo: es rico en vitaminas, en minerales, en proteína de origen vegetal, incluyendo todos los aminoácidos esenciales, y es una buena fuente de fibra. Además es muy refrescante y ligero.

Ingredientes para
360 ml /1 porción

⅓ de taza de hojas de mezcla de lechugas, troceadas
80 ml de jugo de naranja
40 ml de jugo de betabel
1 calabacita cortada en cubos
3 cucharadas de germinado de alfalfa
1 cucharada de amaranto

Licue la mezcla de lechugas con el jugo de naranja hasta obtener una mezcla homogénea. Añada el resto de los ingredientes y procese nuevamente hasta que obtenga un smoothie terso. Sirva.

▮ **125 calorías por porción.**
▮ **Excelente fuente de vitaminas C, A, K, B$_9$ y B$_6$; manganeso, magnesio, cobre y fósforo.**
▮ **Rico en vitaminas B$_2$, B$_1$ y B$_5$; potasio, zinc y hierro; proteína vegetal.**
▮ **C 10% | L 2% | P 5%**

La calabacita es una verdura poco calórica y muy hidratante, ya que contiene mucha agua y es muy rica en minerales. Entre estos últimos, destaca el potasio, el cual es de gran ayuda para la salud cardiovascular debido a que facilita las contracciones musculares. La calabacita también es rica en vitamina B$_6$; una de sus funciones consiste en mantener el equilibrio entre el sodio y el potasio dentro del organismo; de esta forma se regulan los niveles de líquido dentro y fuera de las células y el cuerpo se mantiene hidratado.

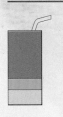

DIURÉTICO Y **ENERGIZANTE**

**Ingredientes para
300 ml / 1 porción**

2 cucharadas de hojas de berro

¼ de taza de hojas de acelga troceadas

½ taza de hojas de lechuga troceadas

10 ramas de perejil

120 ml de agua

60 ml de jugo de manzana

1 cucharada de jugo de limón

¼ de taza de pulpa de guanábana

½ kiwi pelado

¼ de taza de cubos de bulbo de hinojo

1 rama de apio de 5 cm

1 rodaja de jengibre fresco de ½ cm de grosor o ¼ de cucharadita de jengibre en polvo

1 cucharadita de semillas de chía

Licue las hojas de berro, de acelga y de lechuga con el perejil y el agua

JUGO AMIGO DEL **HÍGADO**

**Ingredientes para
240 ml / 1 porción**

2 cucharadas de hojas de berro

½ taza de hojas de espinaca troceadas

240 ml de agua

¼ de taza de uvas rojas o negras, sin semillas

½ manzana descorazonada cortada en cubos

el jugo de ½ limón

½ taza de floretes de brócoli blanqueados

1 cucharadita de semillas de calabaza o de girasol

1 cucharadita de jarabe de maple o de agave

Licue las hojas de berros y de espinaca con el agua hasta obtener una mezcla homogénea. Añada el resto de los ingredientes y procese nueva-

PEPINITO

**Ingredientes para
360 ml / 1 porción**

¼ de taza de berros

180 ml de jugo de jícama o de agua

el jugo de 1 limón

¾ de taza de cubos de pepino

1 cucharada de miel de abeja o de jarabe de agave

½ cucharada de linaza

Licue los berros con el jugo de jícama o el agua hasta obtener una mezcla homogénea. Añada el resto de los ingredientes y procese nuevamente hasta que obtenga una bebida tersa. Cuele y sirva.

▌ **110 calorías por porción.**

▌ **Excelente fuente de vitaminas K y C.**

Continúan en la pág. 66

JUGO ANTIOXIDANTE

**Ingredientes para
360 ml / 1 porción**

¼ de taza de hojas de *kale* troceadas

⅓ de taza de hojas de acelga arcoíris troceadas

¼ de taza de perejil

¼ de taza de menta o de hierbabuena

180 ml de jugo de jícama o agua de coco

el jugo de ½ limón

½ taza de cubos de pepino

1 rama de apio de 5 cm

1 cucharada de azúcar de coco (opcional)

Licue las hojas de *kale* y de acelga arcoíris con el perejil y la menta o la hierbabuena y el jugo de jícama o el agua de coco hasta obtener una mezcla homogénea. Añada el resto de los ingredientes y procese nuevamente hasta que obtenga una bebida tersa. Cuele y sirva.

ALCALINO

**Ingredientes para
360 ml / 1 porción**

¼ de taza de cilantro

½ taza de hojas de lechuga troceadas

180 ml de agua

1 rama de apio de 5 cm

½ manzana verde descorazonada, cortada en cubos

¾ de taza de cubos de pepino

2 duraznos deshidratados

el jugo de 1 limón

1 rodaja de jengibre fresco de ½ cm de grosor o ¼ de cucharadita de jengibre en polvo

Licue el cilantro y la lechuga con el agua hasta obtener una mezcla homogénea. Añada el resto de los ingredientes y procese nuevamente hasta que obtenga una bebida tersa. Cuele y sirva.

PIÑACOCO DETOX

**Ingredientes para
360 ml / 1 porción**

½ taza de hojas de *kale* troceadas

180 ml de leche de coco

½ taza de cubos de piña

3 espárragos troceados

1 cucharadita de linaza

1 cucharadita de azúcar de coco

Licue el *kale* con la leche de coco hasta obtener una mezcla homogénea. Añada el resto de los ingredientes y procese nuevamente hasta que obtenga una bebida tersa. Cuele y sirva.

▌ **125 calorías por porción.**

▌ **Excelente fuente de vitaminas B$_{12}$, K, C, A y D; manganeso, cobre y magnesio; omega-3.**

Continúan en la pág. 66

DIURÉTICO Y ENERGIZANTE
(*cont.*)

hasta obtener una mezcla homogénea. Añada el resto de los ingredientes y procese nuevamente hasta que obtenga una bebida tersa. Cuele y sirva.

‖ **130 calorías por porción.**
‖ **Excelente fuente de vitaminas K, A, C y B$_9$; cobre, manganeso y magnesio; fibra y omega-3.**
‖ **Rico en vitamina E y vitaminas del complejo B (excepto B$_{12}$); potasio, hierro, fósforo y calcio.**

‖ **C 12% | L 3% | P 4%**

La lechuga, el berro, el limón, el hinojo y el apio son verduras alcalinizantes con grandes propiedades diuréticas y depurativas que ayudan en la evacuación de toxinas del organismo a través de la orina.

La gran variedad de vitaminas y minerales que ofrece este jugo, además del azúcar natural de las frutas y las buenas grasas que aportan las semillas de chía, lo convierten en una bebida energética, pero a la vez ligera y poco calórica.

JUGO AMIGO DEL HÍGADO (*cont.*)

mente hasta que obtenga una bebida tersa. Cuele y sirva.

‖ **145 calorías por porción.**
‖ **Excelente fuente de vitaminas K, A, C, B$_9$ y E; manganeso y cobre; fibra.**
‖ **Rico en vitaminas del complejo B (excepto B$_{12}$); magnesio, fósforo y potasio; omega-3 y omega-6.**

‖ **C 13% | L 3% | P 4%**

El hígado es un órgano que realiza funciones vitales dentro de nuestro organismo; una de ellas consiste en destruir los elementos tóxicos presentes en la sangre procedentes de desechos producidos de forma natural por nuestro organismo, pero también los que ingerimos con los alimentos y el alcohol; también ayuda a eli-

minar ciertas bacterias presentes en la sangre. Este jugo es rico en vitaminas C, E y complejo B y en selenio; estos nutrientes son necesarios para el proceso de desintoxicación del hígado.

Las uvas tienen mucha agua y fibra que ayudan al cuerpo a limpiarse y desintoxicarse; además, son ricas en flavonoides y resveratol, poderosos antioxidantes que ayudan al hígado a desintoxicarse y a proteger sus células.

PEPINITO (*cont.*)

‖ **Rico en vitamina A; cobre, magnesio y manganeso; omega-3.**

‖ **C 10% | L 3% | P 2%**

El berro es una planta cuyas propiedades medicinales han sido reconocidas desde la antigüedad. Es rico en vitaminas A y K, así como en minerales: calcio, magnesio, zinc y fósforo. Tiene propiedades antioxidantes y es eficiente para evitar la retención de líquidos, así como para liberar la sangre de toxinas debido a sus propiedades diuréticas y depurativas. Por esta razón es recomendado para personas que sufren enfermedades poco severas en los riñones, cálculos o reumatismo.

JUGO ANTIOXIDANTE
(*cont.*)

‖ **40 calorías por porción / 85 (con azúcar).**
‖ **Excelente fuente de vitaminas K, A y C.**
‖ **Rico en vitamina B$_9$, B$_6$ y E; cobre, manganeso, magnesio y hierro.**

‖ **C 4-8% | P 2%**

La acelga arcoíris, de la misma familia que el betabel, está compuesta por varios antioxidantes: fitonutrientes, como betacarotenos, luteína, zeaxantina y betalaínas, además de vitaminas C y E. Los antioxidantes presentes en esta hortaliza ayudan al organismo a prevenir el estrés oxidativo y las enfermedades relaciona-

das con éste, además de ser eficientes antiinflamatorios.

ALCALINO (*cont.*)

‖ **135 calorías por porción.**
‖ **Excelente fuente de vitaminas K, A y C; cobre; fibra.**
‖ **Rico en vitaminas B$_2$ y B$_9$; manganeso, potasio, magnesio, fósforo y hierro.**

‖ **C 13% | L 1% | P 2%**

Los ingredientes que conforman esta bebida son alcalinizantes e hidratantes. El limón es uno de los alimentos más alcalinos que podemos incorporar a nuestra dieta. Aunque el sabor del jugo del limón es ácido, cuando se combina con las enzimas digestivas que se producen en la boca, en el estómago y en el intestino delgado, se convierte en una sustancia alcalina.

La lechuga, el apio y el pepino son verduras sumamente alcalinizanates con un muy bajo aporte calórico y con un contenido de agua superior al 90%; tienen propiedades diuréticas que permiten al organismo desechar toxinas a través de la orina.

PIÑACOCO DETOX
(*cont.*)

‖ **Rico en vitaminas B$_1$, B$_9$, B$_6$; zinc, calcio, hierro y selenio.**

‖ **C 7% | L 8% | P 3%**

El espárrago contiene un aminoácido no esencial llamado asparagina y altos niveles de potasio que ayudan a reducir la retención de líquidos, además de ayudar a la buena salud del hígado y los riñones. También contiene glucosinolatos, los cuales promueven la desintoxicación.

La piña es una fruta con propiedades alcalinizantes y desintoxicantes. Es rica en bromelina, una enzima con propiedades antiinflamatorias, anticoagulantes y desintoxicantes.

DESAYUNO **ESCOLAR**

Sustituya las espinacas por la verdura de hoja verde de su preferencia, o bien, utilice una mezcla de ellas, como *kale*, acelga, arúgula, berro, etcétera. También puede emplear frambuesas, moras azules o frutas rojas congeladas.

**Ingredientes para
240 ml / 1 porción**

½ taza de hojas de espinaca troceadas
1 cucharada de hojas de menta
120 ml de agua
120 ml de leche de coco
¼ de taza de zarzamoras
1 cucharada de miel de abeja o de jarabe de maple

Licue las hojas de espinaca y de menta con el agua hasta obtener una mezcla homogénea. Añada el resto de los ingredientes y procese nuevamente hasta que obtenga un smoothie terso. Sirva.

‖ **110 calorías por porción.**
‖ **Excelente fuente de vitaminas K, A, B$_{12}$ y D; manganeso.**
‖ **Rico en vitaminas C y B$_9$; magnesio, cobre y calcio.**

‖ **C 9% | L 4% | P 2%**

El color morado de las zarzamoras proviene de las antocianinas, pigmento antioxidante que mejora el comportamiento cognitivo, lo que ayudará en la concentración de los niños (y adultos) y facilitará el aprendizaje. Además tienen propiedades antibacterianas y antivirales que los ayudarán a mantenerse saludables.

Este smoothie es rico en vitaminas K y D. La primera es vital para el buen funcionamiento de la segunda y, en conjunto, permiten la absorción del calcio en los huesos y fortalecen los dientes y los huesos; por tanto, este smoothie es una buena opción para deportistas.

SÚPER **CACAHUATE**

Este smoothie es una excelente opción para incorporar verduras y aumentar la cantidad de vitaminas, minerales y proteína en la dieta de los niños.

**Ingredientes para
480 ml / 2 porciones**

⅔ de taza de hojas de acelgas
360 ml de leche de almendra
10 uvas rojas sin semillas
½ taza de rodajas de plátano
½ taza de floretes de brócoli blanqueados
2 cucharadas de cacahuates
½ cucharadita de canela molida

Licue las hojas de acelga con la leche de almendra hasta obtener una mezcla homogénea. Añada el resto de los ingredientes y procese nuevamente hasta que obtenga un smoothie terso. Sirva.

‖ **140 calorías por porción.**
‖ **Excelente fuente de vitaminas K, A, E, D, C, y B$_6$; manganeso, cobre y calcio; proteína vegetal.**
‖ **Rico en vitaminas de complejo B (excepto B$_{12}$); magnesio, fósforo, potasio y sodio.**

‖ **C 7% | L 11% | P 5%**

El cacahuate tiene un alto contenido proteico, entre 23 y 29 gramos por cada 100 gramos. Además, es rico en ácidos grasos insaturados, necesarios para la buena salud del corazón y el desarrollo del cerebro.

La leche de almendra también aporta, en menor medida, proteínas y ácidos grasos esenciales; asimismo, es una excelente fuente vegetal de calcio y de vitamina D; ambos nutrientes trabajan en conjunto con la vitamina C (presente en este smoothie gracias al brócoli) para construir huesos, dientes, uñas y cabello fuertes.

ACELGA **ROJA**

Las moras azules, los granos de granada y las frambuesas se pueden sustituir por ¾ de taza de mezcla de frutas rojas congeladas.

**Ingredientes para
240 ml / 1 porción**

½ taza de hojas de acelga blanqueadas
2 cucharadas de hojas de menta
180 ml de agua
¼ de taza de moras azules congeladas
¼ de taza de granos de granada
¼ de taza de frambuesas congeladas
¼ de plátano
1 cucharada de cocoa

Licue las acelgas y la menta con la mitad del agua hasta obtener una mezcla homogénea y resérvela. Licue con el agua restante los demás ingredientes y cuele para retirar las semillas de la granada. Mezcle ambas preparaciones y sirva.

▌ **140 calorías por porción.**
▌ **Excelente fuente de vitaminas A, C, K y B$_6$; manganeso, cobre, magnesio, hierro y potasio; fibra y proteína vegetal.**
▌ **Rico en vitaminas del complejo B (excepto B$_{12}$) y E; fósforo, zinc y sodio.**
▌ **C 13% | L 3% | P 5%**

Las acelgas son muy ricas en clorofila, pigmento que ayuda a limpiar el cuerpo, a regenerar las células y a depurar la sangre (ver pág. 19). Estas hortalizas contienen 13 tipos de polifenoles, y en el caso de la cocoa, los flavonoides son los más abundantes. Los polifenoles son antioxidantes que contribuyen a combatir el estrés oxidativo.

Las moras, las frambuesas y la granada también contienen flavonides, por lo que tienen propiedades antioxidantes y ayudan a desintoxicar.

TORONJA VERDE

**Ingredientes para
240 ml / 1 porción**

120 ml de jugo de toronja
2 cucharadas de bulbo de hinojo picado
½ taza de germinado de betabel + c/s para decorar
½ manzana verde descorazonada, cortada en cubos
el jugo de ½ limón
1 cucharadita de jarabe de maple

Licue todos los ingredientes hasta obtener una mezcla homogénea y tersa. Sirva y decore con germinado de betabel al gusto.

❚ **123 calorías por porción.**
❚ **Excelente fuente de vitaminas K, C y A.**
❚ **Rico en vitamina B$_2$; manganeso, cobre, magnesio y potasio.**

❚ **C 12% | L 1% | P 1%**

La toronja es rica en fitonutrientes antioxidantes, como provitamina A (betacarotenos), flavonoides, licopeno, luteína y xantinas, además de ser una buena fuente de vitamina C.

El hinojo es también un poderoso antioxidante con propiedades antiinflamatorias; como la toronja, es rico en fitonutrientes y en vitaminas antioxidantes: C, A y E. Asimismo, el hinojo tiene propiedades diuréticas, carminativas y vermífugas.

La manzana aporta un sabor dulce y perfumado al smoothie, además de pectina, la cual ayuda a mejorar la digestión y a destruir toxinas dentro del organismo.

RUBÍ

**Ingredientes para
360 ml / 1 porción**

½ taza de hojas de betabel
2 cucharadas de jugo de betabel
½ taza de infusión de Jamaica
½ taza de frambuesas
½ taza de cubos de calabacita
½ taza de germinado de brócoli o de alfalfa + c/s para decorar
1 cucharadita de jarabe de maple o de agave

Licue las hojas de betabel con el jugo de betabel y la infusión de Jamaica hasta obtener una mezcla homogénea. Añada el resto de los ingredientes y procese nuevamente hasta que obtenga un smoothie terso. Sirva y decore con germinado de brócoli o de alfalfa al gusto.

❚ **85 calorías por porción.**
❚ **Excelente fuente de vitaminas K, A, C, B$_2$ y E; manganeso; fibra.**
❚ **Rico en vitaminas del complejo B (excepto B$_{12}$); cobre, magnesio, selenio, fósforo, potasio y zinc.**

❚ **C 7% | L 1% | P 3%**

El betabel es uno de los pocos alimentos que contiene betaína en grandes cantidades, la cual le da el característico color rubí oscuro al betabel, además de ser un poderoso antioxidante que ayuda a depurar el hígado. Las hojas del betabel son ricas en flavonoides y carotenoides, como la luteína y la zeaxantiana, antioxidantes que ayudan en la prevención de algunos tipos de cáncer y protegen la salud de los ojos. Este tubérculo es también buena fuente de otros nutrientes antioxidantes, como manganeso y vitamina C.

Smoothies

TERSOS

Los smoothies en esta sección son sumamente completos y equilibrados en cuanto a los nutrientes que ofrecen, ricos en vitaminas y minerales, pero también en fibra, proteínas y ácidos grasos esenciales. Son una excelente opción como un desayuno ligero y rápido; su aporte nutrimental le permitirá comenzar el día concentrado y con energía sin sentirse pesado, o por el contrario, con hambre. Otra buena opción es consumirlos como refrigerio a medio día o como postre, antes o después de realizar algún ejercicio físico, y también como refrigerio para niños.

La característica principal de estos smoothies es que tienen una textura suave y aterciopelada, y en ocasiones cremosa, la cual se logra agregándoles alguno de los siguientes nutritivos ingredientes: tofu; yogur griego natural; nueces o semillas; algunas frutas, como aguacate, mamey, plátano o guanábana, y en el caso de smoothies más ligeros, frutas congeladas o hielo.

Puede elaborar los smoothies con los ingredientes y siguiendo el procedimiento indicado en cada receta, o bien, sustituir algunos elementos según sus gustos o los ingredientes que tenga a la mano. Por ejemplo, la fruta congelada puede ser remplazada por fruta fresca y agregar algunos cubos de hielo; también puede utilizar yogur griego, leche o crema de coco como sustituto del tofu; asimismo, si el sabor de la bebida no es lo suficientemente dulce, puede añadir algún edulcorante natural (ver pág. 20). En cualquier caso, debe tener en mente que cualquier alteración a la receta original modificará su aporte nutrimental.

Los smoothies de esta sección no deben elaborarse con un extractor de jugos debido al tipo de ingredientes que incluyen, por lo que es recomendable utilizar una licuadora o procesador de alimentos con la capacidad de triturar hielos, fruta congelada, nueces y semillas, de lo contrario, la textura del smoothie no será la esperada.

PIÑA **COLADA**

Ésta es una excelente forma de tomar una nutritiva piña colada, sin culpas. Puede utilizar piña fresca para preparar este smoothie y licuarlo con ½ taza de cubos de hielo.

**Ingredientes para
360 ml / 1 porción**

¼ de taza de coco fresco rallado
2 floretes de coliflor picados
5 almendras
60 ml de agua
1 taza de cubos de piña congelados
120 ml de leche de coco
1 cucharadita de canela molida
1 cucharadita de extracto de vainilla

Licue el coco rallado, los floretes de coliflor y las almendras con el agua hasta obtener una mezcla homogénea. Agregue el resto de los ingredientes y procese nuevamente hasta obtener un smoothie de consistencia tersa. Sirva.

▌**240 calorías por porción.**
▌**Excelente fuente de vitaminas C, B_{12} y D; manganeso, cobre y magnesio; fibra.**
▌**Rico en vitaminas A, E y complejo B; zinc, calcio, hierro, fósforo, selenio y potasio.**

▌**C 12% | L 19% | P 4%**

La coliflor y la piña tienen propiedades diuréticas por su elevado contenido en agua y potasio y por su bajo aporte de sodio, lo cual favorece la eliminación del exceso de líquidos del organismo y sustancias de desecho disueltas en la orina. Además, ambas son bajas en calorías.

Este smoothie aporta una buena cantidad de hierro de origen vegetal, proveniente del coco y de la piña, indispensable para la formación de hemoglobina en los glóbulos rojos, responsable de transportar el oxígeno en la sangre y al resto del cuerpo. También es rico en selenio, mineral que ayuda a la desintoxicación del hígado.

VAMPIRO MODERNO

PIÑA COLADA

L5

VAMPIRO **MODERNO**

Este smoothie es rico en cantidad y variedad de vitaminas, minerales y aminoácidos esenciales; es por tanto una bebida ideal para consumir como desayuno y comenzar el día con energía y concentración.

**Ingredientes para
360 ml / 1 porción**

¾ de taza de cerezas o de mezcla de frutas rojas, congeladas
4 espárragos
80 ml de jugo de betabel
80 ml de leche de almendra
1 cucharada de amaranto

Licue todos los ingredientes hasta obtener una mezcla homogénea y tersa. Sirva.

▎ **165 calorías por porción.**
▎ **Excelente fuente de vitaminas A, K, E y B_9; manganeso, cobre, fósforo y magnesio; fibra y proteína vegetal.**
▎ **Rico en vitaminas C, D, B_2, B_6 y B_1; hierro, sodio, potasio, zinc y calcio.**

▎ **C 13% | L 3% | P 6%**

El betabel aporta una mezcla de nutrientes, minerales y fitoquímicos que son excelentes para combatir enfermedades, purificar la sangre y limpiar el hígado. Además, ayudan en la absorción de oxígeno a nivel celular, lo que ayuda a limpiar y expulsar las toxinas de todo el cuerpo.

Los espárragos ayudan a depurar el hígado, órgano responsable de filtrar las sustancias tóxicas presentes en los alimentos y bebidas que consumimos.

L5

**Ingredientes para
360 ml / 1 porción**

¾ de taza de hojas de lechuga romana troceadas
60 ml de jugo de lima
60 ml de leche de coco
½ taza de lichis pelados, sin semilla
½ cucharada de linaza
¼ de taza de cubos de hielo
gotas de stevia líquida, al gusto

Licue las hojas de lechuga con el jugo de lima y la leche de coco hasta obtener una mezcla homogénea. Agregue el resto de los ingredientes y procese nuevamente hasta obtener un smoothie terso. Sirva.

▎ **122 calorías por porción.**
▎ **Excelente fuente de vitaminas A, C, K, B_{12}; cobre; omega-3.**
▎ **Rico en vitaminas B_9, D, B_6 y B_1; magnesio, manganeso y fósforo; fibra.**

▎ **C 9% | L 6% | P 3%**

El lichi es una fruta con un delicado sabor dulce y perfumado. Tiene un elevado contenido de vitamina C, más que los cítricos; además de un buen aporte de vitaminas del complejo B y fibra, también aporta potasio, mineral con propiedades diuréticas. Además, el lichi tiene una mezcla de polifenoles con propiedades antioxidantes que ayudan a prevenir el almacenamiento de las células de grasa en el hígado.

La lechuga es una hortaliza sumamente refrescante y ligera, y con propiedades diuréticas.

Este smoothie proporciona una buena cantidad de fibra que ayuda a regular el tránsito intestinal y a disminuir los niveles de grasa y azúcar en la sangre.

FIBRA **VERDE**

Una porción de este smoothie aporta poco más de 8 gramos de fibra; lo cual representa la tercera parte de la ingesta diaria recomendada para un adulto.

**Ingredientes para
320 ml / 1 porción**

½ taza de hojas de espinaca troceadas
180 ml de agua de coco
1 dátil sin semilla
¼ de taza de cubos de piña
¼ de taza de cubos de pepino
½ cucharada de jugo de limón
¼ de aguacate
¼ de taza de cubos de hielo

Licue las hojas de espinaca con el agua de coco hasta obtener una mezcla homogénea. Añada el resto de los ingredientes y procese nuevamente hasta obtener un smoothie terso. Sirva.

▮ **218 calorías por porción.**
▮ **Excelente fuente de vitaminas K, A, C y complejo B (excepto B$_{12}$); cobre, manganeso, magnesio y potasio; fibra.**
▮ **Rico en fósforo, sodio, zinc, calcio y hierro.**

▮ **C 15% | L 12% | P 4%**

El aguacate, el agua de coco y el dátil son fuentes excelentes de fibra soluble, necesaria para regularizar el tránsito intestinal y prevenir o aliviar los síntomas de constipación. Incluir fibra en la dieta también ayuda a prevenir enfermedades cardiovasculares y a disminuir los niveles de azúcar en la sangre.

El aguacate también aporta vitamina C, indispensable para la producción de colágeno, un tipo de proteína que fortalece las paredes del tracto digestivo.

CHÍCHAROS Y **KIWI**

Bajo en calorías, con un sabor refrescante y una cremosa consistencia, este smoothie le ayudará activar su sistema digestivo gracias a su gran aporte de fibra.

**Ingredientes para
300 ml / 1 porción**

½ taza de cubos de pepino
⅛ de aguacate
1 kiwi pelado, cortado en cuatro
1 rama de apio de 5 cm
⅛ de taza de chícharos congelados
120 ml de agua
2 cucharadas de hojas de menta
1 rodaja de jengibre fresco de ½ cm de grosor o ¼ de
    cucharadita de jengibre en polvo

Licue todos los ingredientes hasta obtener una mezcla homogénea y tersa. Sirva.

▮ **115 calorías por porción.**
▮ **Excelente fuente de vitaminas C, K y A; cobre y manganeso; fibra.**
▮ **Rico en vitaminas del complejo B (excepto B$_{12}$); magnesio, potasio y fósforo.**

▮ **C 7% | L 7% | P 3%**

Este smoothie es rico en potasio, mineral que permite que los músculos se contraigan suavemente y sin complicaciones, acción que favorece el funcionamiento del sistema digestivo. Asimismo, la vitamina C y las vitaminas del complejo B que aporta esta bebida, ayudan a la metabolización de las grasas y el colesterol.

La fibra es esencial para la salud del sistema digestivo. Ayuda a los intestinos a funcionar de manera eficiente, regula los movimientos intestinales y disminuye la posibilidad de sufrir estreñimiento o hemorroides.

ESPECIADO

Este smoothie es muy ligero y refrescante. Puede sustituir el plátano por manzana o durazno.

Ingredientes para
360 ml / 1 porción

3 higos partidos por la mitad
½ taza de rodajas de plátano congeladas
120 ml de leche de almendra
⅛ de cucharadita de canela molida
1 pizca de clavo molido
1 pizca de jengibre en polvo
1 pizca de pimienta molida
1 pizca de semillas de cardamomo
½ cucharadita de extracto de vainilla
½ taza de cubos de hielo

Licue todos los ingredientes hasta obtener una mezcla homogénea y tersa. Sirva.

▌ **205 calorías por porción.**
▌ **Excelente fuente de vitaminas E, B$_6$, D y A; manganeso y cobre; fibra.**
▌ **Rico en vitaminas del complejo B (excepto B$_{12}$) y C; magnesio, calcio y potasio.**

▌ **C 19% | L 3% | P 3%**

Las frutas y la leche de almendra en este smoothie son una excelente fuente de fibra; una porción aporta 7 gramos aproximadamente. Las especias estimulan la circulación y facilitan los procesos digestivos, además de ayudar a reducir la producción de gases.

La leche de almendra se digiere muy fácilmente; además, es una buena fuente de ácidos grasos linoleico y linolénico, los cuales ayudan a reducir la inflamación del organismo, y a su vez, ayudan a reducir los niveles de colesterol LDL (colesterol malo) en la sangre.

PAY DE **MANZANA**

Este smoothie es ideal como sustituto del desayuno o como refrigerio para los niños, ya que les dará energía y su dulce sabor les encantará.

Ingredientes para
360 ml / 1 porción

2 floretes de coliflor picados
60 ml de agua
1 taza de cubos de manzana roja
½ taza de cubos de pera
⅓ de taza de yogur griego natural, sin azúcar y reducido en grasas
3 nueces de la India
1 cucharadita de canela molida
1 cucharadita de extracto de vainilla
¼ de taza de cubos de hielo

Licue la coliflor con el agua, agregue los cubos de manzana y de pera y el yogur griego, y procese hasta obtener una mezcla homogénea. Añada el resto de los ingredientes y licue nuevamente hasta obtener un smoothie terso. Sirva.

▌ **204 calorías por porción.**
▌ **Excelente fuente de vitamina C; manganeso y cobre; proteína y fibra.**
▌ **Rico en vitaminas B$_2$, K y B$_6$; fósforo, magnesio, calcio y zinc.**

▌ **C 14% | L 4% | P 10%**

La manzana y la pera son buena fuente de pectina, una fibra soluble que ayuda al buen funcionamiento del tránsito intestinal y absorbe en cierta medida las toxinas del intestino. También son ricas en potasio, mineral que ayuda a mantener en equilibrio la cantidad de sodio en el organismo, así como los niveles de hidratación. Las nueces de la India y el yogur aportan una textura suave al smoothie, así como ácidos grasos esenciales y proteína.

CHOCO **SORPRESA**

Esta bebida es súper completa: aporta, en distintas proporciones, todos los aminoácidos esenciales, todas las vitaminas liposolubles e hidrosolubles, así como todos los minerales esenciales.

Ingredientes para
480 ml / 2 porciones

¼ de taza de hojas de espinaca troceadas
180 ml de leche de soya
½ taza de rodajas de plátano congeladas
¼ de taza de cubos de pera
¼ de taza de floretes de brócoli
1½ cucharadas de cocoa
2 cucharadas de jarabe de maple
½ cucharada de extracto de vainilla
1 cucharadita de canela molida
½ taza de cubos de hielo

Licue las espinacas con la leche de soya hasta obtener una mezcla homogénea. Añada el resto de los ingredientes y procese hasta obtener un smoothie terso. Sirva.

I **150 calorías por porción.**
I **Excelente fuente de vitaminas B$_2$, B$_{12}$, K, A, C y D; manganeso y cobre; fibra.**
I **Rico en vitamina B$_6$; magnesio, calcio y fósforo.**

I **C 12% | L 3% | P 4%**

Este smoothie es una excelente forma de incluir verduras en la dieta de los niños y de proveerlos de energía para comenzar su día, o antes de realizar alguna actividad física extenuante. En cuestión de macronutrientes, es una buena fuente de proteínas vegetales y ácidos grasos esenciales; sin embargo, su principal aporte son carbohidratos, de los cuales aproximadamente el 20% es fibra. Es importante entonces consumirlo en cantidades moderadas.

Puede sustituir la leche de soya por leche de arroz o de almendra. Si desea elevar el contenido proteico, agregue 1 cucharadita de espirulina o de proteína en polvo.

MENTA B

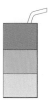

Esta bebida aporta los tres macronutrientes en proporciones sumamente equilibradas; por lo tanto, es ideal para consumir antes de un entrenamiento físico.

**Ingredientes para
360 ml / 1 porción**

½ taza de hojas de espinaca troceadas
¼ de taza de menta
60 ml de leche de coco
2 cucharadas de aguacate
1 cucharada de jugo de limón
½ taza de rodajas de plátano congeladas
¼ de taza de yogur griego natural, sin azúcar y reducido en
    grasas
cubos de hielo al gusto

Licue las espinacas y la menta con la leche de coco hasta obtener una mezcla homogénea. Añada el resto de los ingredientes y procese nuevamente hasta obtener un smoothie terso. Sirva.

▌ **175 calorías por porción.**
▌ **Excelente fuente de vitaminas K, A, B$_{12}$, B$_6$, C, B$_9$, B$_2$ y B$_5$; manganeso y magnesio.**
▌ **Rico en vitamina D; cobre, fósforo, potasio, calcio y zinc; fibra.**

▌ **C 10% | L 9% | P 9%**

Este terso smoothie contiene todas las vitaminas del complejo B en buenas cantidades, las cuales, actúan en conjunto para ayudar en el proceso de metabolización de lípidos, carbohidratos y proteínas para obtener energía. Además, la energía que proporciona este smoothie proviene de carbohidratos de lenta liberación, la mayoría aportados por el plátano; de ácidos grasos esenciales provenientes del aguacate y la leche de coco, y de las proteínas del yogur.

BANANARAMA

Debido a su alto aporte energético, es recomendable consumir este smoothie en las mañanas, o antes de realizar alguna actividad física intensa.

**Ingredientes para
240 ml / 1 porción**

½ taza de rodajas de plátano congeladas
180 ml de leche de soya
2 cucharadas de avena
2 nueces
2 almendras
1 cucharada de miel de abeja
1 cucharadita de extracto de vainilla
2 pizcas de semillas de cardamomo
¼ de taza de cubos de hielo

Licue todos los ingredientes hasta obtener una mezcla homogénea y tersa. Sirva.

▌ **280 calorías por porción.**
▌ **Excelente fuente de vitaminas B$_{12}$, B$_2$, D y B$_6$; manganeso, cobre, magnesio, fósforo, calcio; fibra.**
▌ **Rico en vitaminas A, B$_1$, B$_9$, B$_5$ y C; zinc, potasio y hierro; omega-6 y omega-3.**

▌ **C 19% | L 11% | P 9%**

Este smoothie es muy equilibrado en cuanto a su aporte nutricional y muy energético. La mayor parte de las calorías provienen de los carbohidratos del plátano y de la avena, aunque también son ricos en fibra, lo que permite reducir la velocidad de absorción de sus azúcares.

La avena es una de las mejores fuentes de proteína de origen vegetal y de fibra que existen.

CAPUCHINO

Ingredientes para
240 ml / 1 porción

½ taza de rodajas de plátano congeladas
1 dátil sin semilla
120 ml de leche de arroz
30 ml de café exprés
1 cucharadita de cocoa

3 almendras
1 cucharadita de amaranto
½ cucharadita de extracto de vainilla
½ cucharadita de canela molida
cubos de hielo al gusto

Licue todos los ingredientes hasta obtener una mezcla homogénea y tersa.
Sirva.

▌ **210 calorías por porción.**
▌ **Excelente fuente de vitaminas B$_6$, B$_{12}$, B$_3$ y D; manganeso, cobre y magnesio; fibra.**
▌ **Rico en vitaminas B$_2$, B$_5$, E y A; fósforo, calcio y potasio.**

▌ **C 17% | L 6% | P 3%**

Los smoothies pueden ser un alimento ideal para que nuestros músculos se recuperen y para hidratarnos después de ejercitarnos; sin embargo, es importante tomar en cuenta el equilibrio entre los ingredientes, y sobre todo, evitar bebidas con mucha azúcar. El smoothie debe proporcionar ácidos grasos esenciales, proteínas, carbohidratos, electrolitos y antioxidantes. En el caso de este smoothie, los ácidos grasos provienen de las almendras y la leche de arroz; las proteínas, del plátano, las almendras y el amaranto, y los carbohidratos, del dátil, el plátano y la leche de arroz. Además, esta bebida es rica en electrolitos: potasio, magnesio, calcio y sodio; y la cocoa y la canela son excelentes antioxidantes.

El consumo de azúcares simples ayuda a los músculos a recuperar el glucógeno que perdieron durante el ejercicio. Sin embargo, su consumo debe ser moderado para no aumentar el aporte energético del smoothie.

HUESOS
SALUDABLES

Ingredientes para
240 ml / 1 porción

½ taza de hojas de *kale* troceadas

60 ml de agua

4 fresas frescas o congeladas

½ taza de cubos de piña

1 cucharada de semillas de chía

2 cucharadas de tofu suave

Licue las hojas de *kale* con el agua hasta obtener una mezcla homogénea. Añada el resto de los ingredientes y procese nuevamente hasta obtener un smoothie terso. Sirva.

▎ **125 calorías por porción.**
▎ **Excelente fuente de vitaminas K, C, A y B$_6$; manganeso, cobre y magnesio; omega-3 y fibra.**
▎ **Rico en vitaminas B$_9$, B$_1$ y B$_3$; fósforo, selenio, hierro calcio y zinc.**

▎ **C** 8% | **L** 6% | **P** 4%

Las semillas de chía, el kale y el tofu son buenas fuentes de magnesio, fósforo y calcio, minerales esenciales para la formación y el mantenimiento de huesos y dientes fuertes. También son ricos en vitamina K, la cual es esencial para el buen funcionamiento de la vitamina D, responsable de la absorción de calcio en los huesos y de una correcta formación y reparación de los mismos. La vitamina C que aportan las fresas, y el hierro provisto por la chía, trabajan en conjunto con el calcio.

COMBUSTIBLE
PARA **EJERCITARSE**

Ingredientes para
300 ml / 1 porción

¼ de taza de hojas de *kale* troceadas

¼ de taza de hojas de betabel troceadas

¼ de taza de col morada rallada

120 ml de agua

2 cucharadas de aguacate

5 chabacanos deshidratados

⅓ de taza de germinado de soya

1 cucharada de semillas de calabaza

¼ de taza de cubos de hielo

Licue las hojas de *kale* y de betabel con la col rallada y el agua hasta obtener una mezcla homogénea. Añada el resto de los ingredientes y procese nuevamente hasta obtener un smoothie terso. Sirva.

▎ **147 calorías por porción.**
▎ **Excelente fuente de vitaminas K, A y C; cobre y manganeso; fibra.**
▎ **Rico en vitamina E y complejo B (excepto B$_{12}$); magnesio, potasio, zinc, fósforo y hierro; omega-3, omega-6 y proteína vegetal.**

▎ **C** 8% | **L** 11% | **P** 6%

Las proteínas son indispensables para reparar los músculos y ayudan al cuerpo a recuperase después de un ejercicio intenso; a largo plazo, disminuyen molestias musculares y evitan lesiones. Los ácidos grasos omega aumentan la capacidad del organismo para utilizar el oxígeno y producir la energía requerida para un óptimo rendimiento y una mayor rapidez en la recuperación de la fatiga. El aporte de carbohidratos es relativamente bajo: sólo 20 gramos por porción, de los cuales 25% es fibra.

MORA **LIMÓN**

**Ingredientes para
300 ml / 1 porción**

¼ de taza de hojas de espinaca troceadas

60 ml de agua de coco

½ taza de moras azules congeladas

1½ cucharadas de jugo de limón

2 cucharadas de coco deshidratado rallado, sin azúcar

¼ de taza de germinado de lentejas

1 dátil sin semilla

¼ de taza de yogur griego natural, sin azúcar y reducido en grasas

cubos de hielo al gusto

Licue las espinacas con el agua de coco hasta obtener una mezcla homogénea. Añada el resto de los ingredientes y procese nuevamente hasta obtener un smoothie terso. Sirva.

I **250 calorías por porción.**

I **Excelente fuente de vitaminas K, A y C; manganeso, cobre, fósforo y magnesio; fibra y proteína.**

I **Rico en vitaminas del complejo B; potasio, zinc, calcio y hierro.**

I **C 17% | L 11% | P 10%**

El poder antioxidante de las moras azules se debe a su variado contenido de fitonutrientes, dentro de los cuales destacan las antocianinas, que son los pigmentos responsables de su color característico. Las propiedades antioxidantes de las moras azules benefician y protegen en particular a los sistemas del organismo vulnerables al estrés oxidativo, como el sistema cardiovascular, el nervioso o el digestivo; asimismo, pueden ayudar a disminuir el daño muscular causado después del ejercicio, así como a regular los niveles de azúcar en la sangre.

VERDE **REPARADOR**

**Ingredientes para
300 ml / 1 porción**

⅓ de taza de hojas de *kale* troceadas

¼ de taza de hojas de espinaca troceadas

¼ de taza de hojas de acelga troceadas

120 ml de agua

1 kiwi cortado en cubos

¼ de taza de germinado de lenteja

½ cucharada de espirulina en polvo

1 cucharada de miel de abeja o de jarabe de agave

1 cucharadita de semillas de calabaza

¼ de taza de cubos de hielo

Licue las hojas de *kale*, espinaca y acelga con el agua hasta obtener una mezcla homogénea. Agregue el resto de los ingredientes y procese nuevamente hasta obtener un smoothie terso. Sirva.

I **160 calorías por porción.**

I **Excelente fuente de vitaminas K, C, A; cobre y manganeso; proteína vegetal.**

I **Rico en vitaminas B$_2$, B$_9$, B$_1$ y E; magnesio, fósforo, hierro, zinc y potasio.**

I **C 13% | L 3% | P 6%**

Las proteínas de la espirulina ofrecen todos los aminoácidos esenciales; éstos son la base de las proteínas y, por lo tanto, de las células, tejidos y músculos; son necesarios para el transporte y el almacenamiento óptimo de nutrientes y para la curación de heridas y reparación de tejidos de los músculos, la piel y los huesos, entre otros.

Las vitaminas A, C y E son reconocidas por su actividad antioxidante, aunque también ofrecen beneficios específicos, por ejemplo, las vitaminas A y E son esenciales en el mantenimiento y la reparación de la piel, mientras que la vitamina C y la E ayudan en procesos de cicatrización.

ANTIOXIDANTE TROPICAL

ANTIOXIDANTE
TROPICAL

**Ingredientes para
480 ml / 2 porciones**

1 guayaba
240 ml de leche de coco
½ taza de cubos de mango
¼ de taza de cubos de papaya
½ taza de cubos de piña congelados
½ taza de rodajas de plátano congeladas

Licue la guayaba con la mitad de la leche de coco hasta obtener un puré terso y páselo a través de un colador de malla fina para retirar las semillas. Vierta en la licuadora el puré de guayaba y el resto de la leche de coco y las frutas; muélalos hasta obtener un smoothie homogéneo y terso. Sirva.

▌**140 calorías por porción.**
▌**Excelente fuente de vitaminas C, B$_{12}$, A, D y B$_6$; manganeso y cobre.**
▌**Rico en vitamina B$_9$ y B$_5$; magnesio y potasio; fibra.**
▌**C 11% | L 5% | P 2%**

El color amarillo y naranja en estas frutas se debe a los betacarotenos. Estos pigmentos antioxidantes son responsables de transformar la provitamina A en vitamina A dentro del organismo. Esta vitamina es necesaria para la correcta formación y reparación de los huesos, la piel, los dientes y los ojos, además de fortalecer el sistema inmunológico.

La leche de coco comercial generalmente está adicionada con vitamina B$_{12}$, la cual sirve como complemento a la vitamina A, asistiéndola en su función de reparar y sanar.

REJUVENECEDOR

**Ingredientes para
240 ml / 1 porción**

½ taza de hojas de acelga troceadas
120 ml de jugo de zanahoria
¼ de taza de pulpa de mamey
½ taza de cubos de chayote cocidos, sin piel
½ taza de cubos de hielo

Licue las hojas de acelga con el jugo de zanahoria hasta obtener una mezcla homogénea. Añada el resto de los ingredientes y procese nuevamente hasta que obtenga un smoothie terso. Sirva.

▌**125 calorías por porción.**
▌**Excelente fuente de vitaminas A, K, C y B$_6$; cobre y manganeso; fibra.**
▌**Rico en vitaminas E y complejo B (excepto B$_{12}$); potasio, magnesio y fósforo.**
▌**C 12% | L 1% | P 3%**

El mamey es una fruta antioxidante, buena fuente de vitaminas A, C y E, luteína y taninos, los cuales trabajan en conjunto para proteger la vista, la piel y las mucosas digestivas. La luteína es un pigmento de la familia de los carotenoides que funciona como un filtro solar natural, protegiendo la vista y la piel de un envejecimiento prematuro; por su parte, la vitamina C colabora con la síntesis de colágeno, ayudando a prevenir las arrugas en la piel.

CALABAZA EN **TACHA**

La calabaza de Castilla es una fruta con grandes propiedades antioxidantes debido a su gran contenido de carotenoides. Aporta a este smoothie un sabor ligeramente dulce y fresco, así como una consistencia cremosa y tersa.

**Ingredientes para
240 ml / 1 porción**

½ taza de cubos de calabaza de Castilla rostizada
60 ml de jugo de zanahoria
120 ml de agua de coco
½ cucharadita de extracto de vainilla
1 cucharada de semillas de calabaza
1 cucharada de piloncillo molido
⅛ de cucharadita de canela molida
1 pizca de clavo molido
1 pizca de nuez moscada molida
1 pizca de pimienta molida
1 pizca de anís estrella molido
½ taza de cubos de hielo

Licue todos los ingredientes hasta que obtenga un smoothie terso. Sirva.

▎**155 calorías por porción.**
▎**Excelente fuente de vitaminas A y B_2; manganeso, magnesio, cobre, fósforo y potasio.**
▎**Rico en vitaminas C, B_6, B_1, E y K; hierro, sodio y zinc; fibra y omega-6.**

▎**C 10% | L 6% | P 5%**

Para preparar la calabaza de Castilla rostizada, corte la calabaza en trozos grandes y retírele las semillas. Cubra una charola para hornear con papel aluminio, ponga encima los trozos de calabaza y espolvoréelos con piloncillo rallado y especias al gusto; cúbralos con papel aluminio y hornéelos a 180 °C durante 30 minutos, o hasta que al insertar un cuchillo en un trozo de calabaza, éste se deslice suavemente. Deje enfriar los trozos de calabaza y retíreles la cáscara con un cuchillo. Posteriormente, corte la pulpa en cubos o muélalos hasta obtener un puré, y consérvelos dentro de bolsas resellables en refrigeración, durante 1 semana, o en congelación hasta por 3 meses.

MORAS PERFECTAS

Este smoothie es muy rico en manganeso, mineral que ayuda a controlar los niveles de azúcar en la sangre. Consuma este smoothie durante el desayuno o como refrigerio; así tendrá suficiente energía hasta la siguiente comida sin sentir hambre.

Ingredientes para 240 ml / 1 porción

¾ de taza de mezcla de frutas rojas congeladas

60 ml de leche de soya

3 cucharadas de jugo de betabel

las hojas de 4 ramas de albahaca

¼ de taza de tofu suave

1 cucharada de azúcar de coco

1 pizca de jengibre seco molido

1 pizca de clavo molido

1 pizca de cardamomo molido

Licue la mezcla de frutas rojas con la leche de soya hasta obtener una mezcla homogénea y cuele para retirar todas las semillas. Vierta el puré de moras en la licuadora y agregue el resto de los ingredientes; procese hasta obtener un smoothie terso. Sirva.

❙ **170 calorías por porción.**
❙ **Excelente fuente de vitaminas B$_{12}$, K y A; manganeso y cobre; proteína vegetal.**
❙ **Rico en vitaminas B$_9$, B$_2$, C y D; calcio, magnesio, fósforo, sodio, selenio y hierro; fibra.**

❙ **C 13% | L 4% | P 7%**

El poder antioxidante de este smoothie proviene de los pigmentos del betabel y la mezcla de frutas rojas, entre las cuales se encuentran: betalaínas, luteína, zeaxantina, antocianinas, flavonoides, entre otros.

La leche de soya y el tofu aportan proteínas completas, que junto con los antioxidantes, contribuyen a mantener la salud de la piel, el cabello y las uñas; esto se debe a que los aminoácidos se encargan de suministrarles internamente todos los nutrientes que necesitan.

GRANADA **ANTIOXIDANTE**

Ingredientes para 240 ml / 1 porción

¼ de taza de granos de granada

1 tuna roja pelada, cortada en cubos

60 ml de agua

¼ de taza de col morada rallada

1 ciruela sin semilla

80 ml de jugo de betabel

1 cucharada de nueces de la India

Licue los granos de granada y los cubos de tuna roja con el agua y cuele para retirar todas las semillas. Vierta el puré de granada en la licuadora y añada el resto de los ingredientes; procese hasta obtener un smoothie terso. Sirva.

▌**187 calorías por porción.**
▌**Excelente fuente de vitaminas K, E, C y A; cobre, magnesio y manganeso; fibra.**
▌**Rico en vitaminas del complejo B (excepto B$_{12}$); fósforo, potasio, zinc, sodio y hierro.**

▌**C 14%** | **L 8%** | **P 5%**

En adición a los poderes antioxidantes de los flavonoides (pigmentos) y la vitamina A y C que contienen las frutas rojas y la col, la tuna roja aporta vitamina E, compuesto liposoluble que es un poderoso antioxidante para proteger a los pulmones contra la contaminación ambiental, proporcionar oxígeno al organismo y retardar el envejecimiento celular, manteniendo la juventud del cuerpo.

Las nueces de la India son responsables de la consistencia cremosa de esta bebida y también le aportan ácidos grasos omega-3 y omega-6 y proteínas vegetales.

Super-
smoothies

Los smoothies de esta sección están elaborados con uno o más superalimentos (ver pág. 18). Un superalimento contiene un nivel elevado de nutrientes esenciales, antioxidantes, fitonutrientes y otros compuestos benéficos para la salud del organismo; generalmente se trata de alimentos de origen vegetal, aunque también pueden ser considerados algunos de origen animal, como la miel de abeja y algunos pescados y lácteos. El término superalimento es relativamente reciente y no se refiere a un término científico; así, la asignación de este calificativo a cualquier alimento es bastante subjetivo, ya que depende la disponibilidad del producto y de los beneficios nutrimentales específicos que se deseen resaltar.

Es importante recalcar que los efectos nutricionales de un alimento en cada persona son distintos; además que ningún alimento contiene en sí mismo todos los requerimientos nutrimentales diarios de una persona. Sin embargo, existen estudios científicos que demuestran las propiedades nutricionales y los beneficios que el consumo de ciertos alimentos puede aportar a la salud.

Los superalimentos son por tanto una excelente opción para complementar o fortalecer la ingesta diaria de nutrientes, pero también sirven para proteger y evitar enfermedades y para ayudar al organismo a recuperarse de elementos externos que lo hayan dañado; por ejemplo, la mala calidad del aire, el estrés, el ejercicio, una gripa, etcétera.

Para que el consumo de estos alimentos tenga un efecto benéfico, es importante mantener diariamente, en la medida de lo posible, una dieta variada y equilibrada, así como conocer la información nutrimental de los alimentos que se consumen para evitar ingerirlos en exceso.

La mayoría de los supersmoothies que presentamos en esta sección tienen un contenido nutrimental bastante completo y equilibrado, así que son excelentes como sustitutos de alguno de los tiempos de comida o como refrigerios saludables; algunos otros pueden no ser tan completos en su aporte nutrimental, pero tienen beneficios específicos, por lo que son perfectos como complementos de la alimentación.

Realice los siguientes supersmoothies siguiendo los procedimientos indicados o utilizando un extractor de jugos (en caso de que sea posible); también puede sustituir la fruta congelada por fruta fresca y agregar cubos de hielo al gusto.

DEPORTISTA

Este smoothie puede ser consumido antes o después de realizar alguna actividad física. Por su sabor dulce y textura suave, también es una buena opción como desayuno o refrigerio para los niños.

Ingredientes para
540 ml / 2 porciones

¼ de taza de cubos de mango congelados
¼ de taza de cubos de melón
½ durazno sin semilla cortado en cubos
2 ciruelas pasa
120 ml de agua de coco
180 ml de leche de soya
2 cucharaditas de polen de abeja
1 cucharadita de canela molida

Licue todos los ingredientes hasta obtener una mezcla homogénea y tersa. Sirva.

| **120 calorías por porción.**
| **Excelente fuente de vitaminas B_{12}, B_2, A, C y D; manganeso y cobre.**
| **Rico en vitaminas K y B_6; calcio, magnesio, potasio y fósforo; proteína vegetal y fibra.**

| **C 9% | L 3% | P 5%**

Las frutas en este smoothie proporcionan una buena cantidad de azúcar, pero también son ricas en fibra, por lo cual ofrecen energía de lenta liberación, evitando así los picos de azúcar en la sangre. La leche de soya y el polen de abeja son fuentes de ácidos grasos esenciales y de proteínas vegetales completas, que además de proveer energía, ayudan a la recuperación y rendimiento de los músculos.

Además, esta bebida ofrece electrolitos, necesarios para mantener al cuerpo hidratado, y antioxidantes, lo que también tiene efectos positivos en la recuperación y el rendimiento del cuerpo.

BEBIDA ENERGÉTICA AL **INSTANTE**

Esta bebida es ideal como sustituto del desayuno o como bebida energética antes de ejercitarse. Si lo desea, sustituya el jugo de manzana por la misma cantidad del jugo de fruta natural de su preferencia.

**Ingredientes para
240 ml / 1 porción**

120 ml de jugo de manzana
2 cucharadas de harina de avena
2 cucharadas de harina de amaranto
1 cucharadita de canela molida
80 ml de leche de soya
½ cucharadita de extracto de vainilla
cubos de hielo al gusto (opcional)

Ponga todos los ingredientes en un recipiente para agua hermético y agítelo vigorosamente hasta obtener una mezcla homogénea. Agregue cubos de hielo si lo desea, y sirva.

I **206 calorías por porción.**
I **Excelente fuente de vitaminas B$_{12}$, B$_2$ y D; manganeso; fibra y proteína vegetal.**
I **Rico en vitamina B$_1$; calcio, cobre, fósforo, hierro, magnesio, selenio y zinc.**

I **C** 15% | **L** 5% | **P** 7%

Este jugo tiene una buena cantidad de proteínas de origen vegetal completas y de fibra, la cual, consumida por la mañana, acelera el tránsito intestinal y favorece la sensación de saciedad. La leche de soya y la canela aportan calcio, mineral esencial para tener huesos fuertes, evitar calambres y dolores musculares y en huesos, y ayuda a mantener una buena salud cardiovascular. Finalmente, las harinas son fuente de hierro, el cual es necesario para oxigenar el cerebro y los músculos.

PROTEÍNA **BLANCA**

Una porción de este smoothie aporta 17 gramos de proteínas de alto valor biológico.

**Ingredientes para
540 ml / 2 porciones**

1 taza de pulpa de zapote blanco
1 taza de yogur griego natural, sin azúcar y reducido en grasas
60 ml de jugo de naranja
4 cucharaditas de maca en polvo

Licue todos los ingredientes hasta obtener una mezcla homogénea y tersa. Sirva.

I **200 calorías por porción.**
I **Excelente fuente de vitaminas C y B$_{12}$; calcio y fósforo; proteína.**
I **Rico en vitamina B$_2$; potasio; fibra.**

I **C** 13% | **L** 2% | **P** 17%

La maca es una raíz originaria de Perú. Nutrimentalmente es una buena fuente de vitamina C, calcio, hierro, potasio, fibra y de aminoácidos. Un consumo regular de maca en polvo (entre 1 y 2 cucharadas al día) ayuda a elevar los niveles de energía, y en el caso de las personas que realizan algún deporte, les ayuda a mejorar su rendimiento físico, ya que la maca permite al organismo adaptarse a situaciones de estrés.

La maca contiene 7 de los 8 aminoácidos esenciales; en este smoothie las proteínas de la maca se complementan con las del zapote blanco y las del yogur.

BEBIDA ENERGÉTICA AL INSTANTE

POLEN ENERGÉTICO

POLEN **ENERGÉTICO**

**Ingredientes para
240 ml / 1 porción**

1 durazno sin semilla cortado en cubos
⅓ de taza de rodajas de plátano congeladas
120 ml de leche de coco
60 ml de agua
1 cucharadita de polen de abeja
1 cucharadita de linaza

Licue todos los ingredientes hasta obtener una mezcla homogénea y tersa. Sirva.

ı **160 calorías por porción.**
ı **Excelente fuente de vitaminas B$_{12}$, A, D y C; cobre
  y magnesio; omega-3 y fibra.**
ı **Rico en vitaminas del complejo B; manganeso, zinc,
  potasio y fósforo.**

ı **C 11%** | **L 7%** | **P 4%**

El polen de abeja tiene un dulce sabor y una textura crujiente muy agradable. Es considerado un energético natural debido a su composición nutrimental; contiene, en distintas proporciones, todas las vitaminas, minerales y aminoácidos esenciales para el cuerpo humano, además de otros nutrientes como enzimas y fitonutrientes; asimismo, es una buena fuente de carbohidratos y proteínas completas. Un consumo regular puede ayudar a elevar el rendimiento muscular y el umbral del dolor.

Las enzimas y las propiedades antiinflamatorias y bactericidas del polen ayudan a regular las funciones del sistema digestivo. Por su parte, la linaza y las frutas en este smoothie aportan fibra soluble que ayudan a prevenir el estreñimiento.

DESAYUNO **LÍQUIDO**

Esta es una bebida sumamente nutritiva, fácil de digerir y muy energética; destaca por su contenido en lípidos insaturados.

**Ingredientes para
260 ml / 1 porción**

⅓ de taza de cubos de pera
120 ml de leche de arroz
5 nueces
2 cucharadas de avena
1 cucharadita de *nibs* de cacao
¼ de taza de cubos de hielo

Licue todos los ingredientes hasta obtener una mezcla homogénea y tersa. Sirva.

ı **255 calorías por porción.**
ı **Excelente fuente de vitaminas B$_{12}$, B$_1$ y D; manganeso, cobre y fósforo; fibra y omega-6.**
ı **Rico en magnesio, zinc, calcio y hierro; proteína vegetal.**

ı **C 15%** | **L 17%** | **P 6%**

Los azúcares de la fruta y la avena liberan su energía en el organismo gradualmente. Las nueces, los nibs de cacao y la avena ofrecen una buena cantidad de grasas. La leche de arroz es sumamente digestiva, rica en fibra y una buena fuente de calcio, fósforo y sodio. Su alto contenido en flavonoides protege de problemas cardiovasculares y derrames cerebrales, y su contenido de oligoelementos es benéfico para el sistema inmunológico, protegiendo así al organismo de cualquier agente nocivo.

La pera, la avena y las nueces también son alimentos ricos en fibra que reforzarán la capacidad digestiva de la leche arroz.

ELIXIR
DIGESTIVO

Ingredientes para
300 ml / 2 porciones

2 guayabas cortadas en cuatro
240 ml de agua de coco
⅔ de taza de rodajas de plátano congeladas
3 cucharadas de avena
2 ciruelas pasa
¼ de cucharadita de cardamomo molido
6 almendras o nueces

Licue las guayabas con la mitad del agua de coco hasta obtener un puré y páselo a través de un colador de malla fina para eliminar todas las semillas. Vierta el puré de guayaba en la licuadora, agregue el resto de los ingredientes y procese nuevamente hasta obtener un smoothie terso. Sirva.

- **220 calorías por porción.**
- **Excelente fuente de vitaminas A, B_6 y B_1; manganeso, cobre, magnesio y fósforo; fibra y proteína vegetal.**
- **Rico en vitaminas E y complejo B; potasio, zinc y hierro; omega-3 y omega-6.**

C 17 % | **L 6%** | **P 7%**

El cardamomo es una especia que ayuda a disminuir la generación de gases en el tubo digestivo y la fermentación en la flora intestinal, lo cual permite reducir flatulencias y cólicos.

El agua de coco es rica en enzimas, las cuales ayudan al proceso de metabolización de los alimentos; aunque también es ligeramente laxante, por lo cual debe consumirse con moderación. Esta bebida también aporta varios electrolitos, entre ellos el potasio, mineral que ayuda a combatir problemas de estreñimiento o de diarrea.

ALBAHACA
DESINTOXICANTE

Este smoothie es muy refrescante, ligero y bajo en calorías. Su sabor es dulce y ligeramente ácido, por lo que es una buena opción para ofrecer a los niños.

Ingredientes para
300 ml / 1 porción

½ taza de cubos de piña congelados
1 taza de cubos de manzana
1 cucharada de hojas de albahaca
1 cucharada de jugo de limón
120 ml de clorofila líquida concentrada

Licue todos los ingredientes hasta obtener una mezcla homogénea y tersa. Sirva.

- **110 calorías por porción.**
- **Excelente fuente de vitamina C; manganeso.**
- **Rico en vitaminas B_6 y K; cobre; fibra.**

C 11% | **L 1%** | **P 1%**

La manzana y la piña son frutas con muy bajo aporte calórico, ricas en agua y en potasio; por tanto, hidratantes y diuréticas. La piña contiene bromelina, enzima que ayuda a la digestión, y la manzana tiene ácidos orgánicos, como el ácido málico, con propiedades alcalinizantes y desacidificantes.

La clorofila es un antioxidante con propiedades desintoxicantes, ya que inhibe la absorción en el organismo de metales pesados presentes en el medio ambiente.

VERDE DESINTOXICANTE

VERDE DESINTOXICANTE

Colmado de clorofila, este fantástico smoothie le ayudará a limpiar su hígado y mejorará el brillo de su piel y sus ojos.

Ingredientes para
480 ml / 2 porciones

¼ de taza de berros
¼ de taza de perejil
240 ml de agua
120 ml de clorofila líquida concentrada
½ taza de cubos de pepino pelado
¼ de taza de cubos de aguacate
½ taza de cubos de piña
1 cucharadita de *wheatgrass* o de espirulina en polvo
6 chabacanos deshidratados

Licue los berros y el perejil con el agua hasta obtener una mezcla homogénea. Agregue el resto de los ingredientes y procese nuevamente hasta obtener una bebida tersa. Sirva.

▌ **85 calorías por porción.**
▌ **Excelente fuente de vitaminas K, A, C y B$_2$; selenio y manganeso.**
▌ **Rico en vitaminas B$_6$ y B$_5$; cobre.**
▌ **C 6% | L 5% | P 2%**

El perejil y el berro son dos hierbas antioxidantes ricas en flavonoides y carotenoides. Además, comparten con el pepino algunos beneficios: son alcalinizantes y ayudan a limpiar el organismo debido a sus propiedades diuréticas, desintoxicantes y depurativas (limpia la sangre).

La fibra que aportan el aguacate y la piña le ayudará a desechar fácilmente todo lo que su cuerpo no necesita.

SHOT DE WHEATGRASS

Ingredientes para
60 ml / 1 porción

30 ml de extracto de *wheatgrass*
30 ml de jugo de manzana, de uva verde o de kiwi

Mezcle los ingredientes en un vaso y sirva el jugo.

▌ **20 calorías por porción aproximadamente.**
▌ **Excelente fuente de vitaminas B$_2$, C y B$_6$; selenio, fósforo y potasio.**
▌ **Rico en vitaminas E, B$_3$ y B$_1$; potasio y zinc.**
▌ **C 2% | P 4%**

El wheatgrass o pasto de trigo es un alimento reconocido por sus propiedades antioxidantes y desintoxicantes. Una sola cucharada de extracto de wheatgrass tiene poco más de 60 miligramos de vitamina C (más de la mitad del requerimiento promedio de una persona adulta y sana) y aporta una buena cantidad de vitaminas A y E, las tres vitaminas con mayor poder antioxidante que ayudan a detener el envejecimiento celular y a fortalecer el sistema inmunológico. Además, el wheatgrass ayuda a limpiar los órganos y el tracto intestinal, y también es una buena fuente de clorofila, enzimas activas y saponinas, sustancias que ayudan a remover toxinas de las células.

VERDE **ALCALINO**

Ingredientes para
300 ml / 1 porción

½ taza de hojas de *kale* troceadas
200 ml de té verde frío o de agua
½ pepino
1 rama de apio de 5 cm
1 cucharada de jugo de limón
2 cucharadas de gel o concentrado de aloe vera
1 cucharadita de extracto de ginseng
1 cucharada de jarabe de maple o de agave

Licue las hojas de *kale* con el té verde o el agua hasta obtener una mezcla homogénea. Agregue el resto de los ingredientes y procese nuevamente hasta obtener una bebida tersa. Cuele y sirva.

▌ **88 calorías por porción.**
▌ **Excelente fuente de vitaminas K, A, C y B$_2$; manganeso y cobre.**
▌ **Rico en vitamina B$_9$; magnesio; fibra.**

▌ **C 9%** | **P 1%**

El ginseng es conocido por sus propiedades energéticas, pero también es un excelente aliado para desintoxicar el hígado, y un poderoso antioxidante que protege al organismo de los radicales libres y fortalece el sistema inmunológico. El aloe vera ayuda a limpiar el tracto intestinal, promoviendo el desecho de sustancias dañinas o sobrantes del cuerpo y absorbiendo a la vez elementos benéficos, lo que ayuda a desintoxicar y desinflamar el colon. El aloe vera permite también equilibrar los niveles de ácidos en el cuerpo, manteniéndolo saludable.

JUGO **VERDE**

Transforme un smoothie verde tradicional en un súper smoothie agregándole *chlrorella* en polvo. Una cucharada de esta alga aporta casi 3 gramos de proteína completa, así como vitaminas y minerales, dentro de las cuales destacan las vitaminas A y B$_2$, hierro y zinc.

Ingredientes para
330 ml / 1 porción

½ taza de cubos de piña
½ taza de tiras de nopal
1 rama de apio de 5 cm
120 ml de jugo de naranja
60 ml de jugo de toronja
1 cucharada de *chlorella* en polvo

Licue todos los ingredientes hasta obtener una mezcla homogénea y tersa. Sirva.

▌ **150 calorías por porción.**
▌ **Excelente fuente de vitaminas C, A, B$_2$, B$_1$ y B$_6$; manganeso, zinc, hierro, magnesio y cobre.**
▌ **Rico en vitaminas B$_3$, B$_9$ y B$_5$; fósforo, calcio y potasio; proteína vegetal.**

▌ **C 13%** | **L 1%** | **P 5%**

El nopal es un alimento rico en fibras solubles e insolubles que ayudan con la limpieza del colon y a diluir la concentración de elementos cancerígenos presentes; además, la fibra insoluble absorbe el agua y acelera el paso de los alimentos por el tracto digestivo, contribuyendo a regular el movimiento intestinal. El mucílago del nopal actúa en conjunto con las fibras para controlar el exceso de ácidos gástricos y protege la mucosa gastrointestinal.

CALALÚCUMA

CHOCOLATE, AVELLANAS Y FRESAS

**Ingredientes para
480 ml / 2 porciones**

¾ de taza de fresas congeladas
240 ml de leche de almendra
2 cucharadas de aguacate
2 cucharadas de cocoa
6 avellanas sin cáscara
2 cucharadas de miel de abeja
½ taza de cubos de hielo
2 cucharaditas de *nibs* de cacao

Licue todos los ingredientes, excepto los *nibs* de cacao, hasta obtener una mezcla homogénea y tersa. Sirva el smoothie en dos vasos y espolvoree sobre cada uno los *nibs* de cacao.

▌ **210 calorías por porción.**
▌ **Excelente fuente de vitaminas C, D y E; manganeso; fibra.**
▌ **Rico en vitamina A; cobre, calcio y hierro.**

▌ **C** 13% | **L** 14% | **P** 4%

La avellana es muy energética y rica en grasas poliinsaturadas que sirven como antiinflamatorios.

La cocoa, los nibs de cacao y las fresas son antioxidantes (compuestos por varios tipos de flavonoides con distintas propiedades) capaces de eliminar o neutralizar radicales libres y prevenir su formación.

CALALÚCUMA

**Ingredientes para
600 ml / 2 porciones**

1¼ tazas de cubos de calabaza de Castilla rostizada (ver pág. 92)
¾ de taza de rodajas de plátano
1 cucharadita de canela molida
300 ml de agua
½ taza de tofu suave
1 cucharada de lúcuma en polvo

Licue todos los ingredientes hasta obtener una mezcla homogénea y tersa. Sirva.

▌ **118 calorías por porción.**
▌ **Excelente fuente de vitaminas A y B$_6$; manganeso y cobre; fibra.**
▌ **Rico en vitaminas C, B$_2$ E y B$_5$; potasio, fósforo y magnesio.**

▌ **C** 10% | **L** 2% | **P** 4%

El betacaroteno que contiene la calabaza tiene propiedades antiinflamatorias y reduce los niveles de colesterol en la sangre; el alfacaroteno previene la formación de cataratas y ralentiza el proceso de envejecimiento.

La lúcuma es una fruta nativa de América del Sur. Funge como edulcorante natural en este smoothie y actúa de la mano con los antioxidantes de la calabaza por sus propiedades antiinflamatorias, retardando el envejecimiento y ayudando en la reparación de la piel.

ZAPOTE Y CÍTRICOS

**Ingredientes para
300 ml / 1 porción**

¼ de taza de pulpa de zapote negro
60 ml de jugo de naranja
60 ml de jugo de toronja
60 ml de jugo de mandarina
el jugo de 2 limas

Mezcle todos los ingredientes en un vaso y sirva.

▌ **120 calorías por porción.**
▌ **Excelente fuente de vitaminas C y A.**

▌ **C** 11% | **L** 1% | **P** 2%

Este jugo proporciona el total de los requerimientos diarios de vitamina C y aproximadamente el 20% de vitamina A. Ambas son necesarias para fortalecer el sistema inmunológico y proteger al organismo de la acción de los radicales libres, así como de las infecciones causadas por bacterias y virus.

Además de ser una excelente fuente de vitamina C, el zapote negro es rico en betacarotenos; estos pigmentos antioxidantes son precursores de la vitamina A, la cual es necesaria para la salud visual, de la piel, las mucosas y las membranas, así como para fortalecer el sistema inmunológico.

ENERGÉTICO Y ANTIOXIDANTE

Con excepción de la vitamina B$_5$, una porción de este smoothie cumple con más del 40% de los requerimientos diarios de vitaminas del complejo B, las cuales son esenciales para obtener energía a través de los alimentos.

**Ingredientes para
300 ml / 1 porción**

½ taza de hojas de acelga o de espinaca troceadas
½ taza de hojas de lechuga troceadas
120 ml de jugo de manzana
120 ml de jugo de betabel
1 jitomate troceado
1 cucharadita de levadura nutricional
1 pizca de sal
1 pizca de chile en polvo

Licue las hojas de acelga o de espinaca y de lechuga con el jugo de manzana hasta obtener una mezcla homogénea. Agregue el resto de los ingredientes y procese nuevamente hasta obtener un smoothie terso. Sirva.

- 138 calorías por porción.
- **Excelente fuente de vitaminas K, A, complejo B y C; sodio, manganeso, cobre y magnesio; fibra.**
- **Rico en potasio, fósforo, zinc y hierro; proteína vegetal.**
- **C 12% | L 1% | P 5%**

El betabel y el chile son alimentos energéticos con grandes propiedades antioxidantes. La betalaína es el pigmento antioxidante con mayor concentración en el betabel, el cual ayuda a reducir la oxidación del colesterol malo y a proteger las paredes de las arterias. El betabel es también una excelente fuente de vitamina B$_9$, esencial para la formación y el crecimiento de los tejidos.

CIRUELA ROJA

**Ingredientes para
300 ml / 1 porción**

1 taza de hojas de espinaca troceadas
240 ml de agua de coco
2 ciruelas sin semilla
⅓ de taza de uvas rojas
1 cucharada de amaranto
1 cucharada de pasas

Licue las hojas de espinaca con el agua de coco hasta obtener una mezcla homogénea. Agregue el resto de los ingredientes y procese nuevamente hasta obtener un smoothie terso. Sirva.

- 208 calorías por porción.
- **Excelente fuente de vitaminas K, A, C, B$_2$, B$_6$ y B$_9$; manganeso, cobre, magnesio, fósforo, y potasio; fibra.**
- **Rico en vitaminas B$_1$ y B$_5$; hierro, sodio, calcio y zinc; proteína vegetal.**
- **C 18% | L 3% | P 5%**

Este smoothie es una excelente fuente de vitaminas y minerales antioxidantes necesarios para mantener un sistema inmunológico sano, así como para reparar y reconstruir los tejidos internos y de la piel.

El amaranto es un alimento de origen vegetal que aporta proteínas completas; al igual que el betabel, contiene betalaínas, los pigmentos responsables de su color.

Las ciruelas ayudan en la absorción del hierro y son buena fuente de vitamina C, la cual es necesaria para la formación de tejidos. Además, contienen dos fitonutrientes poco comunes: ácido clorogénico y neoclorogénico, los cuales ayudan a prevenir el daño en las células causado por la oxidación de moléculas de grasa en el organismo.

ENERGÉTICO Y ANTIOXIDANTE

BICOLOR

Este smoothie es ideal para consumirlo como desayuno. Es muy rico en nutrientes y antioxidantes, de sabor fresco y ligeramente dulce. Le proporcionará energía durante varias horas sin sentirse pesado.

**Ingredientes para
240 ml / 1 porción**

½ taza de cerezas congeladas
90 ml de leche de *hemp* + 60 ml
¼ de taza de rodajas de plátano congeladas
½ taza de alfalfa
½ cucharadita de aceite de *hemp*
2 cucharaditas de *chlorella* en polvo
2 cucharadas de granola reducida en azúcar

Licue las cerezas congeladas con los 90 mililitros de leche de *hemp* hasta obtener una mezcla tersa; sírvala en un vaso y resérvela. Licue el resto de los ingredientes, excepto la granola, hasta obtener una mezcla tersa y homogénea; sírvala poco a poco sobre la preparación de cereza para evitar que ambas mezclas se combinen. Espolvoree encima la granola.

▌ **240 calorías por porción.**
▌ **Excelente fuente de vitaminas A, complejo B y D; zinc, hierro, manganeso, fósforo, magnesio y cobre; omega-6 y omega-3 y proteína vegetal.**
▌ **Rico en vitaminas E y C; calcio; fibra.**

▌ **C 12%** │ **L 15%** │ **P 10%**

La leche y el aceite de hemp *aportan omega-3 y omega-6 en una proporción adecuada; estas grasas poliinsaturadas son antiinflamatorias y regulan las funciones inmunológicas en el organismo; junto con la chlorella, aportan una muy buena cantidad de proteínas de alto valor biológico, fácilmente asimilables por el organismo.*

PODER **ROSA**

Este exquisito smoothie es una fuente equilibrada de macro y micronutrientes; es un excelente sustituto de cualquier tiempo de comida.

**Ingredientes para
300 ml / 1 porción**

¼ de taza de fresas congeladas
¼ de taza de frambuesas congeladas
¼ de taza de zanahoria rallada
¼ de taza de betabel rallado
60 ml de jugo de toronja
60 ml de leche de coco
1 cucharada de semillas de chía
¼ de taza de yogur griego natural, sin azúcar y reducido en grasas

Licue todos los ingredientes hasta obtener una mezcla homogénea y tersa. Sirva.

▌ **200 calorías por porción.**
▌ **Excelente fuente de vitaminas A, K, C, B_{12}, B_6 y B_9; manganeso, magnesio, fósforo, cobre y calcio; omega-3, fibra y proteína.**
▌ **Rico en vitamina D y el resto de vitaminas del complejo B; hierro, zinc, selenio y potasio.**

▌ **C 12%** │ **L 8%** │ **P 10%**

El betabel y la zanahoria son tubérculos antioxidantes con una buena cantidad de carotenos, entre ellos: luteína, zeaxantina y betacarotenos, los cuales se convierten en vitamina A dentro del organismo. Estos compuestos ayudan en la protección contra enfermedades cardiovasculares y a disminuir el colesterol malo en la sangre. La zeaxantina y la luteína son pigmentos necesarios para conservar la buena salud visual y prevenir enfermedades degenerativas como cataratas.

PIEL TERSA E **HIDRATADA**

**Ingredientes para
300 ml / 1 porción**

1 taza de mezcla de hojas verdes troceadas
100 ml de jugo de mandarina
¼ de taza de pulpa de maracuyá
¼ de taza yogur griego natural, sin azúcar y reducido en
 grasas
1 cucharada de semillas de chía
1 cucharada de miel de abeja

Licue la mezcla de hojas con el jugo de mandarina hasta
obtener una mezcla homogénea. Agregue el resto de los
ingredientes y procese nuevamente hasta obtener un
smoothie terso. Sirva.

▎ **220 calorías por porción.**
▎ **Excelente fuente de vitaminas A, K, C y B$_2$; manganeso, fósforo y magnesio; omega-3, fibra y proteína.**
▎ **Rico en vitaminas del complejo B; cobre, calcio
 hierro, potasio y zinc.**

▎ **C 17%** | **L 3%** | **P 10%**

*El maracuyá es buena fuente de betacarotenos y vitami-
na C, los cuales ayudan en la formación y mantenimiento
de una piel saludable y elástica. Además de sus
propiedades antioxidantes, también es muy rica en minerales, los cuales complementan el aporte mineral del
yogur y las semillas de chía. Estas últimas aportan ácidos grasos omega-3, que junto con los minerales y los
antioxidantes nutren la piel y la mantienen hidratada.*

*El yogur es una buena fuente de treonina, aminoácido
que promueve el buen mantenimiento del tejido conectivo y de las articulaciones.*

DESAYUNO COMPLETO BAJO EN **CALORÍAS**

**Ingredientes para
480 ml / 2 porciones**

¼ de taza de cilantro
¼ de taza de perejil
1 taza de hojas de espinaca troceadas
240 ml de agua de coco
¼ de taza de pulpa de mango
1 manzana descorazonada cortada en cubos
1 cucharada de linaza
1 cucharada de semillas de chía

Licue el cilantro, el perejil y las hojas de espinaca con el
agua de coco hasta obtener una mezcla homogénea.
Agregue el resto de los ingredientes y procese nuevamente hasta obtener un smoothie terso. Sirva.

▎ **145 calorías por porción.**
▎ **Excelente fuente de vitaminas A, K, C; manganeso,
 magnesio y cobre; omega-3 y fibra.**
▎ **Rico en vitaminas B$_6$, B$_9$, B$_1$ y B$_2$; fósforo, hierro, potasio, calcio, selenio, sodio y zinc.**

▎ **C 10%** | **L 7%** | **P 4%**

*Este refrescante y dulce smoothie es bajo en calorías
y en azúcar; sin embargo, es buena fuente de macronutrientes, fibra, vitaminas y minerales, lo que le brindará
energía y concentración para comenzar el día; los minerales lo mantendrán hidratado y la fibra le ayudará
a despertar su sistema digestivo y mantener los niveles
de azúcar y de colesterol en un rango adecuado.*

DESAYUNO COMPLETO
BAJO EN CALORÍAS

Bienestar
y belleza

Incluir jugos y smoothies en la dieta diaria, al menos una o dos veces al día, es una excelente manera de asegurar que estamos ingiriendo todos los macronutrientes, vitaminas, minerales y fitonutrientes requeridos para lograr el correcto funcionamiento de todos los sistemas del cuerpo y mantenerlo saludable.

El hecho de que nuestro organismo esté funcionando internamente de manera eficiente se refleja en el exterior; por el contrario, cualquier anomalía en el funcionamiento de la maquinaria interna tiene consecuencias en nuestra apariencia. Por ejemplo, la piel, el órgano más grande de nuestro organismo, forma parte del sistema excretor, el cual gestiona la eliminación de desechos en nuestro organismo; así, cualquier problema cutáneo, como el acné o las arrugas, puede ser síntoma de exceso de toxinas en el organismo; tomar regularmente un jugo o smoothie con propiedades desintoxicantes ayudará a eliminar dichas toxinas y, por tanto, a mejorar la apariencia de la piel.

En esta sección encontrará jugos y smoothies que le ayudarán a complementar su alimentación y a atacar ciertos malestares o síntomas recurrentes, visibles o no. En caso de que usted sufra alguna enfermedad, ya sea crónica o temporal, difícilmente podrá erradicarla consumiendo alguna de las bebidas que le proponemos; sin embargo, una ingesta regular puede ayudar a disminuir los síntomas o a prevenirlos, lo que se verá reflejado en su estado de ánimo y en su calidad de vida. También es importante notar que si bien, cualquier malestar interno o síntoma externo es una señal de que algo no está funcionando del todo bien dentro del organismo, puede tener distintas y/o varias causas, por lo que al momento en que sucedan siempre deberá consultar a su médico, quien podrá informarlo y orientarlo sobre las causas de su malestar y el tratamiento que deberá seguir. No obstante, todos los jugos y smoothies en este libro están elaborados a base de ingredientes naturales y saludables, por lo que su consumo es seguro para cualquier persona, con excepción de alergias específicas o determinadas enfermedades.

REFRESCANTE

Puede licuar los cubos de hielo con los ingredientes del smoothie, o bien, servir el smoothie con los cubos enteros o hechos frappé.

**Ingredientes para
320 ml / 1 porción**

½ taza de hojas de lechuga romana, troceadas
2 cucharadas de hojas de hierbabuena
120 ml de té verde frío
½ taza de cubos de pera
½ taza de cubos de pepino
30 ml de gel de aloe vera
el jugo de ½ limón
1 cucharada de jarabe de maple o de azúcar de coco
cubos de hielo al gusto

Licue las hojas de lechuga y de hierbabuena con el té verde hasta obtener una mezcla homogénea. Agregue el resto de los ingredientes a la licuadora y procese nuevamente hasta obtener un smoothie terso. Sirva.

▌ **120 calorías por porción.**
▌ **Excelente fuente de vitaminas A, K, B$_2$ y C; manganeso.**
▌ **Rico en vitamina B$_9$; cobre, hierro y magnesio; fibra.**

▌ **C 12% | L 1% | P 1%**

La lechuga romana es una de las hortalizas de hoja verde con el menor contenido y variedad de nutrientes; sin embargo, es una buena fuente de fibra y una excelente fuente de vitaminas A y K; las cuales contribuyen a la salud del esqueleto. Además, al igual que el pepino, es uno de los alimentos vegetales con mayor contenido de agua, aproximadamente 96%; ambos son muy refrescantes, sumamente bajos en calorías y tienen un sutil sabor dulce.

DIGESTIVO
Y FRESCO

**Ingredientes para
300 ml / 1 porción**

1 manzana descorazonada y cortada en cubos
60 ml de agua de coco
1 cucharada de jugo de limón
1 cucharadita de jengibre fresco rallado o ¼ de cucharadita en polvo
180 ml de agua mineral
cubos de hielo al gusto

Licue la manzana con el agua de coco, el jugo de limón y el jengibre hasta obtener un smoothie terso. Coloque cubos de hielo en un vaso, sirva el smoothie y termine de llenar el vaso con el agua mineral.

‖ **111 calorías por porción.**
‖ **Excelente fuente de vitamina C; fibra.**

‖ **C 11% | L 1% | P 1%**

La manzana es una fruta refrescante e hidratante, con casi el 85% de su peso en agua. Entre 1 y 1.5% son ácidos orgánicos; entre ellos, el más abundante es el ácido málico, aunque también contiene ácidos cítrico, láctico, salicílico y oxálico. Al ser absorbidos, estos ácidos tienen efectos alcalinizantes, antisépticos y de regeneración de la flora intestinal. La manzana también es rica en taninos, sustancias con propiedades astringentes y antiinflamatorias que desinflaman la mucosa gástrica y paredes intestinales, por lo cual resulta eficaz en el tratamiento de la diarrea.

El agua de coco es rica en electrolitos que hidratan el organismo, así como en enzimas digestivas que favorecen la flora intestinal.

SANDÍA
HIDRATANTE

Esta bebida es muy ligera y refrescante. Puede prepararla como indica el procedimiento o utilizar un extractor de jugos; de esta última forma obtendrá una bebida más ligera y, cuando la beba, su organismo absorberá todos los nutrientes y los beneficios hidratantes de las frutas de manera inmediata.

**Ingredientes para
360 ml / 1 porción**

¼ de taza de berros
1 cucharadita de hojas de romero frescas
180 ml de agua de coco
1 taza de cubos de sandía
½ taza de cubos de pepino
el jugo de ½ limón

Licue los berros con el romero y el agua de coco hasta obtener una mezcla homogénea. Agregue el resto de los ingredientes a la licuadora y procese nuevamente hasta obtener un smoothie terso. Sirva.

‖ **80 calorías por porción.**
‖ **Excelente fuente de vitaminas A, C y K.**
‖ **Rico en vitaminas B_2, B_5, B_6 y B_1; cobre, magnesio, manganeso y potasio.**

‖ **C 7% | L 1% | P 2%**

La sandía y el pepino son dos frutas con propiedades depurativas; más del 90% de su composición es agua, además de ser ricas en electrolitos que ayudan a mantener hidratado al organismo.

El berro es también una buena fuente de minerales con propiedades hidratantes, además de tener propiedades que evitan la retención de agua.

REFRESCANTE

SANDÍA
HIDRATANTE

DIGESTIVO
Y FRESCO

CHICOZAPOTE
FRESCO

**Ingredientes para
240 ml / 1 porción**

½ chicozapote
3 fresas
¼ de taza de cubos de bulbo de hinojo
120 ml de jugo de mandarina
cubos de hielo al gusto

Licue todos los ingredientes hasta obtener un smoothie terso. Llene un vaso con hielos y vierta encima el smoothie.

▌120 calorías por porción.
▌Excelente fuente de vitamina C.
▌Rico en vitaminas A y K; manganeso.

▌C 11% | L 1% | P 2%

El hinojo tiene propiedades digestivas y diuréticas que ayudan al organismo a deshacerse del exceso de agua Su sabor es dulce y anisado, y debido a su gran contenido de agua, resulta un alimento muy refrescante. Junto con el jugo de mandarina, aporta potasio, mineral que ayuda a hidratar el organismo.

DURAZNO
REFRESCANTE

Si desea un smoothie sin lácteos, sustituya el yogur por la misma cantidad de leche de coco.

**Ingredientes para
300 ml / 1 porción**

1 taza de cubos de durazno
180 ml de infusión de manzanilla fría
1 cucharadita de jengibre fresco rallado
⅓ de taza de yogur griego natural, sin azúcar y reducido en grasas
½ taza de cubos de hielo

Licue los cubos de durazno con la infusión de manzanilla, el jengibre y el yogur hasta obtener una mezcla homogénea. Agregue los cubos de hielo y licue nuevamente hasta obtener un smoothie terso. Sirva.

▌113 calorías por porción.
▌Rico en vitaminas A, B$_2$, B$_{12}$, C y B$_5$; cobre, fósforo, calcio, potasio y manganeso.

▌C 7% | L 1% | P 10%

El durazno es una buena fuente de potasio y de fósforo, además de tener un porcentaje aproximado de 85% de agua; es por lo tanto una fruta hidratante y diurética. También es fuente de antioxidantes, los cuales están presentes tanto en su piel como en su pulpa.

La manzanilla tiene varias propiedades digestivas: ayuda a disminuir los síntomas de la indigestión y de las úlceras, abre el apetito y evita gases. Dentro de sus compuestos volátiles están los polifenoles, los cuales tienen propiedades antiinflamatorias y antiespasmódicas. Además, es excelente aliada en caso de insomnio o ansiedad.

JUGO **ANTIGRIPAL**

Al no contener la pulpa y la fibra de las frutas, este jugo se digiere rápidamente por el organismo, proporcionándole todos sus nutrientes casi instantáneamente.

**Ingredientes para
300 ml / 1 porción**

1 cucharada de miel de abeja
2 cucharadas de jugo de limón
60 ml de jugo de manzana
60 ml de jugo de betabel
120 ml de infusión de *echinacea*, fría
½ cucharada de semillas de *hemp*
cubos de hielo al gusto

Disuelva en un vaso la miel de abeja con el jugo de limón. Agregue el resto de los ingredientes, mezcle con una cuchara y sirva.

▌ **145 calorías por porción.**
▌ **Excelente fuente de vitamina C; manganeso y cobre; omega-3 y fibra.**
▌ **Rico en vitamina B₉; magnesio y fósforo.**

▌ **C 17% | L 3% | P 2%**

La echinacea es considerada un antibiótico natural, ya que ayuda a reforzar y potenciar las funciones del sistema inmunológico, elevando la cantidad de glóbulos blancos en el organismo. Se ha comprobado que esta planta estimula la producción de interferón, proteína que interfiere con la replicación de virus en el organismo.

Las semillas de hemp aportan ácidos grasos omega-3 y omega-6 en una proporción adecuada, así como todos los aminoácidos esenciales; esto promueve un buen desarrollo celular, ayuda a reducir la inflamación causada por el resfriado, y promueve que el organismo se recupere más rápido.

ANALGÉSICO

**Ingredientes para
240 ml / 1 porción**

½ taza de hojas de espinaca troceadas
120 ml de jugo de naranja
½ taza de supremas de toronja
¾ de taza de cubos de manzana
1 cucharada de jarabe de agave
1 cucharada de semillas de calabaza
1 cucharadita de jengibre fresco rallado

Licue las hojas de espinaca con el jugo de naranja hasta obtener una mezcla homogénea. Agregue el resto de los ingredientes y procese nuevamente hasta obtener un smoothie terso. Sirva.

▌ **250 calorías por porción.**
▌ **Excelente fuente de vitaminas C, A, K, B₂ y B₉; manganeso, magnesio, cobre y fósforo; fibra.**
▌ **Rico en vitaminas B₁, B₆ y B₅; potasio y zinc.**

▌ **C 21% | L 7% | P 5%**

El jarabe de agave y las semillas de calabaza son muy buenas fuentes de zinc, mineral necesario para fortalecer el sistema inmunológico. Los glóbulos blancos se sirven del zinc para sintetizar el material genético que les ayuda a regular la forma en la que combaten a los microorganismos.

Durante una gripa o resfriado los tejidos en la parte superior del sistema respiratorio se inflaman como resultado de la lucha entre los glóbulos blancos y los microorganismos. El aceite esencial del jengibre tiene propiedades analgésicas y bactericidas, además de ayudar a bloquear la formación de los compuestos que provocan la inflamación.

PONCHE

Las especias en este smoothie aportan el aroma y sabor característicos del ponche navideño, y debido a sus propiedades antiinflamatorias, ayudan a disminuir los síntomas de las enfermedades respiratorias.

**Ingredientes para
360 ml / 1 porción**

1 guayaba
180 ml de agua de Jamaica
¾ de taza de cubos de manzana
2 tejocotes sin semilla
1 cucharada de pulpa de tamarindo
1 ciruela sin semilla
¼ de cucharadita de canela molida
¼ de cucharadita de pimienta gorda molida
2 clavos
1 cucharada de piloncillo rallado

Licue la guayaba con la mitad del agua de Jamaica hasta obtener un puré y páselo a través de una coladera para eliminar todas las semillas. Vierta el puré de guayaba en la licuadora y agregue el resto de los ingredientes; procese nuevamente hasta obtener un smoothie terso. Sirva.

▌ **205 calorías por porción.**
▌ **Excelente fuente de vitaminas C y A; manganeso y cobre; fibra.**
▌ **Rico en vitaminas K, B_1 y B_6; magnesio, potasio y hierro.**

▌ **C 20% | L 2% | P 3%**

Aunque no existe una cura natural para ponerle fin a un resfriado, sí es posible optimizar la forma en la que nuestro organismo combate la enfermedad. Por ejemplo, las frutas de este smoothie son ricas en vitaminas A y C, las cuales tienen propiedades antioxidantes que fortalecen el sistema inmunológico. Un consumo regular de alimentos ricos en estas vitaminas puede ayudar a disminuir los síntomas del resfriado. Este smoothie también es rico en cobre y manganeso, minerales que también ayudan a fortalecer el sistema inmunológico; el cobre es necesario para la formación de glóbulos blancos y el manganeso tiene propiedades antioxidantes.

REGENERADOR DE PIEL

Ingredientes para
260 ml / 1 porción

½ taza de hojas de lechuga romana troceadas
las hojas de 1 rama de romero fresca
180 ml de agua
½ taza de pulpa de mango
½ taza de frambuesas congeladas
el jugo de 1 limón
cubos de hielo al gusto

Licue las hojas de lechuga y del romero con el agua hasta obtener una mezcla homogénea. Agregue el resto de los ingredientes a la licuadora y procese nuevamente hasta obtener un smoothie terso. Sirva.

▌ **112 calorías por porción.**
▌ **Excelente fuente de vitaminas C, A, K y B$_9$; manganeso y cobre; fibra.**
▌ **Rico en vitaminas B$_6$, E; magnesio.**

▌ **C 11% | L 2% | P 2%**

Este smoothie es muy rico en vitaminas A, C y K, las cuales ayudan en la regeneración de los tejidos de la piel, causando una reducción en la formación de arrugas, de marcas rojas y cicatrices provocadas por acné, además de recuperar el tono natural de la piel.

El mango es una excelente fuente de betacarotenos y de vitamina E, ambos antioxidantes liposolubles. Estas sustancias se acumulan naturalmente en las células grasas localizadas en el tejido subcutáneo y ayudan a eliminar los radicales libres presentes en las células. Esto permite a la piel mantenerse tersa y retarda la formación de arrugas; además, en caso de acné, ayuda a desinflamar la zona afectada.

ANTIACNÉ

El acné es una afección de la piel causada por una sobreproducción de sebo que obstruye los poros; por ello se acumulan bacterias dentro de ellos, que son las que provocan la infección.

Ingredientes para
260 ml / 1 porción

¼ de taza de berros
60 ml de jugo de naranja
1½ duraznos sin semilla, cortados en cubos
¼ de taza de floretes de brócoli
60 ml de jugo de zanahoria
1 cucharada de semillas de girasol

Licue los berros con el jugo de naranja hasta obtener una mezcla homogénea. Agregue el resto de los ingredientes y procese hasta obtener un smoothie terso. Sirva.

▌ **235 calorías por porción.**
▌ **Excelente fuente de vitaminas A, C, K, E, complejo B (excepto B$_{12}$); cobre, manganeso, magnesio, fósforo y potasio; fibra, omega-6 y proteína vegetal.**
▌ **Rico en zinc, selenio y hierro.**

▌ **C 15% | L 12% | P 7%**

Las semillas de girasol y el durazno son buenas fuentes de zinc; este mineral fortalece las funciones de los glóbulos blancos haciéndolos más eficientes para combatir y reducir la infección en el área afectada por el acné. El zinc también sirve para regular la actividad de las glándulas sebáceas y reducir la producción de sebo. La clorofila que aportan el berro y brócoli ayuda a eliminar toxinas acumuladas en el organismo y en la sangre, lo que ayuda a evitar la infección de los poros de la piel.

SHOT DE **ENERGÍA**

Prepare este smoothie cuando necesite un impulso de energía o se sienta fatigado; puede conservarlo en un recipiente hermético en refrigeración durante un par de días. Si lo desea, puede servir esta bebida en un vaso *old fashioned* con cubos de hielo al gusto.

Ingredientes para
120 ml / 2 porciones

3 dátiles sin semilla, troceados
60 ml de leche de coco
60 ml de agua
1 cucharada de proteína de *hemp*
6 nueces

Muela todos los ingredientes con una licuadora de inmersión o en un procesador de alimentos hasta obtener runa mezcla homogénea y tersa. Sirva.

▮ **152 calorías por porción.**
▮ **Excelente fuente de magnesio.**
▮ **Rico en cobre, manganeso, zinc y hierro; fibra.**

▮ **C 11% | L 7% | P 4%**

El dátil es una fruta rica en azúcares naturales y en fibra que brinda energía de lenta liberación al organismo y le ayuda a mantenerse alerta. Por su parte, las nueces son una muy buena fuente de ácidos grasos poliinsaturados que proporcionan energía y ayudan a nivelar los niveles de colesterol en la sangre. Ambos frutos son ricos en cobre, mineral indispensable para la producción de energía a nivel celular; magnesio, el cual ayuda al sistema nervioso, al ritmo cardiaco y a la fuerza muscular y de los huesos, y en zinc, el cual es necesario para sintetizar correctamente las proteínas.

ANTIANEMIA

Existen distintos tipos de anemia con diferentes causas, y por tanto tratamientos para su erradicación. Este smoothie puede ayudar en su tratamiento, mas no es una solución para evitarla o erradicarla.

Ingredientes para
300 ml / 1 porción

½ taza de hojas de acelga troceadas
½ taza de hojas de *kale* troceadas
¼ de taza de perejil
240 ml de jugo de naranja
¼ de taza de zanahoria rallada
5 chabacanos deshidratados
½ cucharada de levadura nutricional
1 cucharada de pasas

Licue las hojas de acelga y de *kale* con el perejil y el jugo de naranja hasta obtener una mezcla homogénea. Agregue el resto de los ingredientes y procese nuevamente hasta obtener un smoothie terso. Sirva.

▮ **220 calorías por porción.**
▮ **Excelente fuente de vitaminas K, A, C y complejo B; cobre, potasio, magnesio y fósforo; fibra y proteína vegetal.**
▮ **Rico en zinc, manganeso y hierro.**

▮ **C 20% | L 2% | P 6%**

Para combatir la anemia es necesario aumentar la cantidad de oxígeno que pueda ser transportado en la sangre a través de un aumento de glóbulos rojos y el nivel de hemoglobina. El perejil y las frutas deshidratadas aportan hierro, mineral indispensable para la producción de hemoglobina; esta proteína es la encargada de transportar el oxígeno por todo el torrente sanguíneo a través de los glóbulos rojos.

MORADITO

Este smoothie tiene propiedades desinflamatorias y desintoxicantes; es ideal para personas que sufren gota, artritis reumatoide o que padecen dolores musculares, así como para limpiar el organismo.

**Ingredientes para
240 ml / 1 porción**

½ taza de cerezas sin semilla o moras azules
½ taza de rodajas de plátano
¼ de taza de coco fresco, rallado o picado
120 ml de leche de almendra
1 cucharadita de semillas de chía
½ cucharadita de jengibre fresco rallado

Licue todos los ingredientes hasta obtener un smoothie terso. Sirva.

▌**190 calorías por porción.**
▌**Excelente fuente de vitaminas B$_{12}$, D, K y B$_6$; manganeso, magnesio y cobre; omega-3 y fibra.**
▌**Rico en vitaminas C y A; selenio, potasio, fósforo.**

▌**C 13% | L 11% | P 3%**

La gota es una enfermedad causada por la acumulación de cristales de ácido úrico en las articulaciones, provocando así inflamación. Las cerezas y las moras azules son alimentos diuréticos que ayudan a bloquear la reabsorción de dicho ácido y ayudan a eliminarlo junto con los cristales de oxalato. Las antocianinas son los pigmentos responsables del color rojo y morado de las cerezas y las moras; estos antioxidantes inhiben la formación de la enzima responsable de la producción de ácido úrico. Además, estos pigmentos junto con el jengibre, son poderosos antiinflamatorios.

LIMPIEZA

Este jugo es bajo en calorías, fresco, hidratante y un excepcional desintoxicante.

**Ingredientes para
500 ml / 2 porciones**

½ taza de bulbo de hinojo troceado
1 taza de germinado de alfalfa
1 rama de apio de 10 cm
480 ml de jugo de naranja
1 cucharadita de pimienta

Licue todos los ingredientes hasta obtener un smoothie terso. Sirva.

▌**127 calorías por porción.**
▌**Excelente fuente de vitaminas C, A, K, B$_9$ y B$_1$.**
▌**Rico en vitamina B$_5$, B$_2$ y B$_6$; cobre, manganeso, potasio y magnesio; fibra.**

▌**C 11% | L 1% | P 3%**

El hinojo y el apio son alimentos con propiedades diuréticas que ayudan al cuerpo a deshacerse de toxinas y a evitar la retención de líquidos. Además, el hinojo actúa como estimulante de la glándula biliar, provocando un aumento en la producción de bilis, necesaria para eliminar la grasa.

El germinado de alfalfa es rico en fibra y en enzimas que se digieren fácilmente y ayudan en la metabolización de los alimentos, además de rico en clorofila y en antioxidantes que permiten la eliminación de toxinas y protegen la salud del hígado.

FORTALECEDOR

En general esta bebida es rica en vitaminas antioxidantes A, C y E que fortalecen el sistema inmunológico.

**Ingredientes para
240 ml / 1 porción**

½ taza de hojas de *kale* troceadas
180 ml de agua
1 taza de cubos de melón verde
1 cucharada de extracto de *wheatgrass*
1 cucharadita de espirulina en polvo
1 cucharada de gel o concentrado de aloe vera
1 cucharada de jarabe de agave o de maple
½ cucharada de linaza
1 cucharadita de jengibre fresco rallado

Licue las hojas de *kale* con el agua hasta obtener una mezcla homogénea. Agregue el resto de los ingredientes y procese hasta obtener un smoothie terso. Sirva.

▌163 calorías por porción.
▌Excelente fuente de vitaminas B_2, C, K, A, B_6 y B_1; selenio, cobre, potasio y fósforo; omega-3.
▌Rico en vitaminas B_3, B_9, B_5 y E; zinc, magnesio y manganeso; fibra y proteína vegetal.

▌C 15% | L 3% | P 5%

El wheatgrass es rico en selenio y en vitamina B_6; ambos nutrientes fortalecen al sistema inmunológico. El selenio apoya en la producción de células anticancerígenas naturales y es excelente para desintoxicar el hígado. El aloe vera y la clorofila de las hojas verdes son excelentes desintoxicantes que en conjunto con las vitaminas antioxidantes ayudan a neutralizar los efectos de los radicales libres.

ESPECIAS DESINFLAMATORIAS

Para una bebida con menor contenido de carbohidratos, sustituya el puré de camote por ¾ de taza de puré de calabaza de Castilla; ambos ingredientes ayudan a disminuir la oxidación de las células en las áreas inflamadas.

**Ingredientes para
300 ml / 1 porción**

½ taza de puré de camote
240 ml de jugo de cítricos
1 cucharadita de canela molida
1 rodaja de jengibre fresco o ¼ de cucharadita en polvo
1 rodaja de cúrcuma fresca o ¼ de cucharadita en polvo

Licue todos los ingredientes hasta obtener un smoothie terso. Sirva.

▌238 calorías por porción.
▌Excelente fuente de vitaminas A, C y complejo B (excepto B_{12}); magnesio, cobre, potasio y magnesio; fibra.
▌Rico en hierro, fósforo y calcio.

▌C 22% | L 1% | P 4%

Los aceites esenciales del jengibre tienen la capacidad de inhibir ciertos aspectos de las reacciones químicas que ocurren cuando se desencadena un proceso inflamatorio.

La cúrcuma contiene un fitonutriente en grandes cantidades llamado curcumina, el cual además de sus propiedades atiinflamatorias, es un poderoso antioxidante protector del hígado.

Los aceites esenciales de la canela contienen un compuesto orgánico llamado cinamaldheído, el cual inhibe eficazmente la liberación a las membranas celulares del ácido araquidónico, el cual juega un papel activo en el desarrollo de los procesos de inflamación.

ANTIARTRITIS

La artritis reumatoide es una condición autoinmune causada por un mal funcionamiento del sistema inmunológico, el cual ataca las articulaciones y se manifiesta en una severa inflamación en el área afectada. Si bien este smoothie no es una cura, le ayudará a disminuir la inflamación, y con ello, aliviar los dolores.

Ingredientes para
300 ml / 1 porción

½ taza de granos de granada roja
240 ml de jugo de toronja
½ taza de cubos de piña
1 rama de apio de 10 cm, troceada
1 cucharadita de linaza
1 cucharadita de semillas de chía
1 cucharadita de jengibre fresco rallado o ¼ de cucharadita seco

Licue los granos de granada con la mitad del jugo de toronja y cuele para retirar todas las semillas. Vierta el jugo de granada de nuevo en la licuadora y agregue el resto de los ingredientes; procese hasta obtener una smoothie homogéneo y terso. Sirva.

❚ **250 calorías por porción.**
❚ **Excelente fuente de vitaminas C, A, K y complejo B (excepto B$_{12}$); manganeso, cobre y magnesio; omega-3 y fibra.**
❚ **Rico en fósforo, potasio, zinc y hierro.**

❚ **C 21% | L 6% | P 4%**

Los ácidos grasos omega-3 son increíbles antiinflamatorios naturales; la linaza y la chía en este smoothie aportan el total del requerimiento diario promedio de este ácido graso. La piña contiene una enzima llamada bromelina que previene la inflamación.

La granada, la piña y la toronja son frutas con gran poder antioxidante, pues las tres son ricas en vitamina C y en pigmentos antioxidantes; estos compuestos ayudan a reducir los radicales libres que se liberan durante la inflamación y que incrementan el dolor.

Finalmente, el compuesto responsable del aroma del apio, llamado 3 n-butil ftalido es un potente analgésico natural.

ANTIMIGRAÑA

**Ingredientes para
300 ml / 1 porción**

¾ de taza de hojas de *kale* troceadas

180 ml de jugo de zanahoria

120 ml de jugo de naranja

1 rama de apio de 5 cm

1 cucharada de concentrado de clorofila

1 cucharada de semillas de chía

Licue las hojas de *kale* con el jugo de zanahoria hasta obtener una mezcla homogénea. Agregue el resto de los ingredientes y procese nuevamente hasta obtener un smoothie terso. Sirva.

▌**180 calorías por porción.**

▌**Excelente fuente de vitaminas A, K, C, B$_6$ y B$_1$; magnesio, cobre, fósforo y manganeso; omega-3 y fibra.**

▌**Rico en vitaminas B$_9$, B$_2$ y B$_3$; hierro, calcio, zinc y selenio.**

▌**C 13% | L 5% | P 5%**

Un consumo regular de magnesio es recomendable para las personas que sufren migraña regularmente. Este mineral está involucrado en los procesos de producción de energía, en la relajación muscular y el correcto funcionamiento del sistema nervioso. Al formar parte de la estructura de la clorofila, está presente en todas las hojas verdes.

Las semillas de chía son excelentes fuentes de magnesio: 1 cucharada aporta casi 40 miligramos de este mineral. Asimismo, la chía aporta omega-3, el cual tiene propiedades antiinflamatorias que pueden ayudar a aliviar los síntomas de la migraña.

FUERA
INSOMNIO

**Ingredientes para
360 ml / 1 porción**

½ taza de hojas de *kale* troceadas

180 ml de jugo de naranja

½ taza de cerezas congeladas

½ taza de floretes de brócoli

¼ de taza yogur griego natural, sin azúcar y reducido en grasas

Licue las hojas de *kale* con el jugo de naranja hasta obtener una mezcla homogénea. Agregue el resto de los ingredientes y procese nuevamente hasta obtener un smoothie terso. Sirva.

▌**185 calorías por porción.**

▌**Excelente fuente de vitaminas C, K, A y complejo B; cobre y fósforo.**

▌**Rico en potasio, magnesio, calcio y manganeso.**

▌**C 14% | L 1% | P 10%**

Las cerezas contienen una hormona llamada melatonina, la cual también es secretada por el cerebro para inducir el sueño y regular los patrones de sueño. La síntesis y liberación de esta hormona está regulada por la luz, por lo que su producción se estimula cuando el organismo está expuesto a la luz y se suprime en caso de oscuridad. El triptófano es el aminoácido responsable de la formación de la melatonina; en este smoothie, el yogur es una excelente fuente de dicho aminoácido.

DULCES **SUEÑOS**

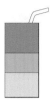

**Ingredientes para
240 ml / 1 porción**

1 taza de hojas de espinaca troceadas
180 ml de agua de coco
½ taza de rodajas de plátano congeladas
1 cucharada de proteína de *hemp*
6 almendras

Licue las hojas de espinaca con el agua de coco hasta obtener una mezcla homogénea. Agregue el resto de los ingredientes y procese nuevamente hasta obtener un smoothie terso. Sirva.

▌ **180 calorías por porción.**
▌ **Excelente fuente de vitaminas K, A, B$_6$, C, B$_2$ y B$_9$; magnesio, manganeso, cobre, zinc, hierro y potasio; fibra.**
▌ **Rico en vitamina E; fósforo, sodio y calcio.**

▌ **C 12%** | **L 8%** | **P 10%**

Todos los ingredientes de este smoothie son fuente de triptófano en distintas proporciones; este aminoácido es esencial para la formación de la melatonina, hormona responsable de inducir el sueño.

Este smoothie es una excelente fuente de magnesio, mineral potente en la relajación muscular que le ayuda al organismo a estar física y mentalmente más apasible, lo que ayuda a conciliar el sueño. También es rico en vitaminas C, B$_9$ y B$_6$ que apoyan las funciones neurotransmisoras.

ADIÓS **ESTRÉS**

**Ingredientes para
480 ml / 2 porciones**

¼ de taza de hojas de *kale* troceadas
¼ de taza de alfalfa
240 ml de agua de coco
¼ de taza de pulpa de mamey
½ taza de fresas cortadas por la mitad
1 cucharadita de jarabe de maple
1 cucharadita de canela molida
2 cucharaditas de levadura nutricional
¼ de cucharadita de pimienta

Licue el *kale* y la alfalfa con el agua de coco hasta obtener una mezcla homogénea. Agregue el resto de los ingredientes y procese hasta obtener un smoothie terso. Sirva.

▌ **106 calorías por porción.**
▌ **Excelente fuente de vitaminas del complejo B, C y K; manganeso; fibra.**
▌ **Rico en vitamina A; cobre, magnesio, zinc, potasio, fósforo y selenio.**

▌ **C 9%** | **L 1%** | **P 3%**

La levadura nutricional y el mamey aportan vitaminas del complejo B, las cuales ayudan al buen funcionamiento de las glándulas adrenales y a mantener un sistema nervioso saludable. Específicamente, las vitaminas B$_2$, B$_6$ y B$_{12}$ son de gran ayuda en el manejo del estrés, en la regulación de los cambios de humor y en la mejoría de la concentración.

Exponer al organismo a una situación de estrés prolongado afecta al sistema inmunológico, tornándolo vulnerable a sufrir resfriados e infecciones. El zinc fortalece al sistema inmunológico, ya que ayuda a los glóbulos blancos a combatir a los microorganismos. Además, este mineral regula el efecto de la serotonina, un neurotransmisor responsable del sentimiento de bienestar.

Dirección editorial	Tomás García Cerezo
Editora responsable	Verónica Rico Mar
Coordinador de contenidos	Gustavo Romero Ramírez
Asistencia editorial	Montserrat Estremo Paredes
Corrección	Adolfo López Sánchez
Formación	Visión Tipográfica Editores, S.A. de C.V. / Rossana Treviño
Portada	Ediciones Larousse, S.A. de C.V., con la colaboración de Nice Montaño Kunze

©2015 Ediciones Larousse, S.A. de C.V.
Renacimiento #180, Colonia San Juan Tlihuaca, Delegación Azcapotzalco,
C.P. 02400, México, D.F.

ISBN 978-607-21-1112-7
Primera edición - Primera reimpresión

Este ejemplar se terminó de imprimir en Abril de 2016,
En COMERCIALIZADORA DE IMPRESOS OM S.A. de C.V.
Insurgentes Sur 1889 Piso 12 Col. Florida
Alvaro Obregon, México, D.F.